As Armadilhas do Consumo

Preencha a **ficha de cadastro** no final deste livro e receba gratuitamente informações sobre os lançamentos e promoções da Elsevier.

Consulte também nosso catálogo completo, últimos lançamentos e serviços exclusivos no site
www.elsevier.com.br

Márcia Tolotti

As Armadilhas do Consumo

Acabe com o endividamento

coleção Expo Money

Coordenação
Gustavo Cerbasi

4ª Tiragem

ELSEVIER

CAMPUS

© 2007, Elsevier Editora Ltda.

Todos os direitos reservados e protegidos pela Lei 9.610 de 19/02/1998.
Nenhuma parte deste livro, sem autorização prévia por escrito da editora,
poderá ser reproduzida ou transmitida sejam quais forem os meios empregados:
eletrônicos, mecânicos, fotográficos, gravação ou quaisquer outros.

Projeto Gráfico
Elsevier Editora Ltda.
Conhecimento sem Fronteiras
Rua Sete de Setembro, 111 – 16º andar
20050-006 – Centro – Rio de Janeiro – RJ – Brasil

Rua Quintana, 753 – 8º andar
04569-011 – Brooklin – São Paulo – SP – Brasil

Serviço de Atendimento ao Cliente
0800-0265340
sac@elsevier.com.br

ISBN 978-85-352-2422-1

Nota: Muito zelo e técnica foram empregados na edição desta obra. No entanto, podem ocorrer erros de digitação, impressão ou dúvida conceitual. Em qualquer das hipóteses, solicitamos a comunicação ao nosso Serviço de Atendimento ao Cliente, para que possamos esclarecer ou encaminhar a questão.

Nem a editora nem o autor assumem qualquer responsabilidade por eventuais danos ou perdas a pessoas ou bens, originados do uso desta publicação.

CIP-Brasil. Catalogação-na-fonte.
Sindicato Nacional dos Editores de Livros, RJ

T596a

Tolotti, Marcia
  As armadilhas do consumo: acabe com o endividamento/
Marcia Tolotti. – Rio de Janeiro: Elsevier, 2007 – 4ª Reimpressão.
  (Expo Money)

  Contém glossário
  Inclui bibliografia
  ISBN 978-85-352-2422-1

  1. Finanças pessoais – Obras populares. 2. Dívidas –
Obras populares. I. Título. II. Série.

07-1536.   CDD: 332.024
                  CDU: 330.567.2

Para Felipe, meu filho!

Apresentação

Gastar menos do que se ganha e investir bem a diferença é a chave para prosperar, tanto na vida pessoal quanto nos negócios. Porém, apesar da incrível variedade de boas alternativas de investimento que temos no Brasil, a maioria dos brasileiros não consegue sequer dar o primeiro passo: *gastar menos do que se ganha*. Aparentemente, uma dificuldade inconcebível, pois temos total liberdade de escolha sobre o destino de nossa renda. Aparentemente inconcebível, pois, na prática, não faltam justificativas para aqueles que passam por dificuldades financeiras. Quando o assunto é dificuldades financeiras, pessoas esclarecidas, bem posicionadas na carreira, com estabilidade familiar e social e acesso à informação penam tanto quanto a massa de leigos sem acesso a uma educação que possa ser classificada como razoável.

Ao escrever meu primeiro livro de Finanças Pessoais, fui severamente criticado por meus pares. Afinal, para eles, um professor de finanças dos negócios, que estudara durante vários anos conceitos e ferramentas contábeis e estatísticas para lecionar sobre temas complexos e restritos, pouco teria a contribuir com um assunto tão subjetivo quanto dinheiro na vida das famílias.

Em parte, meus colegas de trabalho estavam certos. Muito do que pesquisei, desenvolvi e orientei nos últimos anos tem mais a ver com comportamento do que com modelagem racional e organização de números. Finanças Pessoais é um tema ricamente multidisciplinar, que exige profundos conhecimentos tanto de mercado e ferramentas financeiras quanto de comportamento humano e sociologia. Percebi, então, que boa parte do sucesso que conquistei em meu trabalho deveu-se à proximidade que sempre mantive com psicólogos, religiosos e profissionais das áreas do comportamento humano, talvez reflexo da grande paixão que tenho de lidar com pessoas.

Foi essa paixão que conduziu minha atenção a trabalhos de psicólogos de diferentes linhas de pensamento, levando-me a conhecer pessoas e idéias muito especiais. Uma das pessoas especiais que conheci foi Márcia Tolotti, com quem tive meu primeiro contato em 2006, numa Expo Money, numa mera apresentação formal entre colegas de evento feita por Robert Dannenberg.

A princípio, minha afinidade com a Márcia limitou-se à simpatia pelo tema de sua palestra – endividamento – e à afinidade geográfica, pelo fato de ela viver em minha cidade natal, Caxias do Sul. Mas, após trocarmos algumas conversas e opiniões, percebi o que qualquer conhecido de Márcia deve perceber nela: uma pessoa de rara simpatia e uma profissional incrível, apaixonada por desvendar a mente humana e por orientar de maneira construtiva. Em uma coleção de livros que se propõem a educar para investir, não poderia faltar o livro básico: aquele que orienta para fazer sobrar dinheiro para pensar em investir.

Fico feliz ao perceber, após a leitura do texto que você tem em mãos, que a Márcia traz com brilhantismo e simplicidade uma luz sobre o endividamento, oferecendo ao leitor não apenas soluções para suas dificuldades financeiras, mas permitindo também entender as armadilhas culturais e afetivas que rondam nossas decisões de consumo. Muitos entendem que o endividamento, no Brasil, decorre de falta de opção, mas o texto torna evidente que opções existem, desde que estejamos preparados para nos conhecer melhor e fazer escolhas coerentemente.

A maioria dos brasileiros tem dificuldades em lidar com suas dívidas. Em outras palavras, é provável que mais da metade das pessoas com quem você conversar hoje estejam precisando conhecer mais sobre o assunto. Por isso, este é um livro para ler e fazer circular entre pessoas queridas.

Gustavo Cerbasi

. . .

Hoje, mais do que nunca, temos que conquistar a nossa independência financeira para que possamos ter um futuro melhor. Normalmente não somos disciplinados em relação ao nosso dinheiro, não aprendemos a lidar com ele em nossa educação e nem sempre temos a oportunidade de aprimorar nossos conhecimentos sobre investimentos e os diversos aspectos do mercado de capitais. Por isso a Coleção Expo Money foi desenvolvida, como um agente transformador da sociedade, um guia para compreender melhor este maravilhoso mundo dos investimentos.

O conhecimento que você está adquirindo foi desenvolvido por um especialista no assunto e terá grande utilidade no entendimento das questões que tanto nos afligem: cuidar melhor do nosso Dinheiro e do nosso Futuro.

O grande segredo para um futuro financeiro melhor e mais eficiente está, agora, em suas mãos. Lembre-se, não existe fórmula mágica para ficar rico, o mais importante está na sua atitude diante das oportunidades que se apresentam para você. O nosso objetivo como coordenadores desta coleção é a transformação para uma sociedade mais justa e digna para todos. Boa leitura!

Robert Dannenberg
Presidente
www.expomoney.com.br

Agradecimentos

Sou profundamente grata ao Raymundo e ao Robert pelo crédito e pela abertura dada ao meu trabalho e aos demais colegas da Expo Money, todos empenhados em propagar conhecimento e crescimento.

Agradeço em especial ao Gustavo Cerbasi pela generosa, enriquecedora e amigável mestria.

Reconheço que sem o apoio e o investimento afetivo da família que tanto amo e dos meus fiéis amigos, não teria chegado até aqui. Em particular, agradeço ao Cris pelas inúmeras horas de escuta e dos muitos ensinamentos.

E agradeço, fundamentalmente, aos meus grandes e distintos amores: ao Beto por ser minha fonte de força e serenidade e ao Felipe por fazer parte da minha vida.

Sumário

Introdução	xv

CAPÍTULO 1
A RELAÇÃO SUBJETIVA COM O DINHEIRO — 3
- A história e o dinheiro — 4
- A subjetividade do dinheiro — 6
- Dinheiro e prestígio — 8
- A objetividade do dinheiro — 13

CAPÍTULO 2
ECONOMIA: ENTRE AS FINANÇAS E O AFETO — 19
- A importância da economia no dia-a-dia — 21
- A sociedade atual e o consumo — 23

CAPÍTULO 3
A CULTURA DO ENDIVIDAMENTO — 29
- O que é endividamento? — 31
- Há uma lógica no endividamento — 32
- As dívidas não são apenas financeiras — 38

CAPÍTULO 4
AS PRINCIPAIS INFLUÊNCIAS DA MENTE   45
    A angústia   46
    O status   49
    O ressentimento e o endividado   53
    A inveja   55
    Satisfação, frustração e endividamento   59

CAPÍTULO 5
O PERFIL DO ENDIVIDADO   63
    A necessidade do bolso vazio   64
    Perfil do endividado   66
    Riscos de endividamento e sobreendividamento   71

CAPÍTULO 6
COMBATENDO O ENDIVIDAMENTO   77
    Por que algumas tentativas não funcionam?   79
    A importância da educação financeira   80
    Rompendo com o endividamento   84

CAPÍTULO 7
CONSTRUINDO UMA RELAÇÃO SAUDÁVEL COM O DINHEIRO   87
    Rompendo com alguns mitos   89
    Nascendo um investidor   90
    Algumas obras, alguns comentários   93

CAPÍTULO 8
ESCOLHAS INTELIGENTES PARA SAIR DO SUFOCO   99
    O que fazer?   101
    Os bons caminhos virtuais   105

    Glossário   111
    Bibliografia   117

Introdução

O endividamento pessoal cresce aceleradamente no Brasil e no exterior. Por quê? O que leva as pessoas ao endividamento constante? Essas e outras perguntas conduziram minhas investigações ao conhecimento da chamada "Cultura do Endividamento". A escassez de material e minha formação profissional serviram de combustível para que enfrentasse o desafio de escrever sobre o assunto. Intrigada pelos exemplos de vida – quem não possui um familiar ou alguém muito próximo com dificuldades financeiras? – e inspirada pelos anos de atendimento clínico, concluí que a má gestão financeira ou a falta de dinheiro não são os únicos responsáveis pela aquisição das dívidas.

O aspecto afetivo é determinante nas escolhas financeiras. Ao buscar compreender mais sobre esse processo, deparei-me com economistas, psicólogos, psicanalistas e educadores interessados no mesmo eixo de discussão. O rumo estava tomado! A partir daí, percorri um trajeto de pesquisa e estudo que tornou possível a afirmação de que o endividamento financeiro, muitas vezes, é conseqüência do endividamento afetivo. Além disso, observando que o consumo desenfreado e a "urgência" da satisfação dos desejos levam muitas pessoas ao endividamento financeiro, foi fácil perceber que embora provenha de atitudes pessoais, o endividamento está se tornando um legítimo sintoma social. Devedoras de uma imagem melhor, de um corpo perfeito, de uma inteligência maior ou de uma dedicação mais intensa ao trabalho, as pessoas consomem produtos ou serviços na tentativa de suprir uma falta e evitar qualquer frustração.

Para consumir é necessário pagar; assim, a relação com o dinheiro ou com a falta dele entra em cena. Nas páginas a seguir, conclusões, hipóteses e dúvidas são apresentadas para o leitor compartilhar com familiares e colegas de trabalho ou refletir individualmente. A intenção não é oferecer respostas prontas, mas indicar alguns caminhos em que a análise e o conhecimento sejam companheiros de leitura. É dessa maneira que se constrói o saber: anotando, buscando, concordando, discutindo e discordando. Desejo que, ao terminar a leitura, a forma como você investe seu dinheiro, seu tempo e seus afetos sejam transformados, cada vez mais, em bons investimentos. Boa leitura!

Coleção EXPO MONEY

CAPÍTULO 1
A relação subjetiva com o dinheiro

Abordar a subjetividade do dinheiro é como fazer o trabalho de um oleiro, que, ao criar as bordas de um vaso, produz, ao mesmo tempo, um espaço vazio. Assim é a relação com o dinheiro: serve de suporte objetivo para todos, mas, no espaço vazio, cada um irá colocar aquilo que considerar mais significativo e importante na vida.

A história e o dinheiro

No período feudal, ou seja, antes da existência das fábricas e do capitalismo, a riqueza era determinada pela quantidade de terras, porque, até esse período, o dinheiro não era utilizado da mesma forma como atualmente. Além disso, os produtos eram diretamente trocados pela prática do escambo. Embora as pessoas estivessem acostumadas com esse modo de agir, as dificuldades foram crescendo à medida que o comércio adquiriu proporções maiores.

> **Um produtor queria trocar 30 sacas de batata por 20 litros de leite. Como iria transportar os produtos? A troca seria justa, equilibrada?**

Questionamentos como esses e a pouca praticidade tornaram o escambo um meio ineficaz. Era preciso encontrar uma solução, e foi nesse cenário que o uso do dinheiro se disseminou, principalmente em forma de moeda, fácil de carregar e de ser trocado por qualquer produto. Certamente, a criação da moeda não foi tranqüila determinar o material, a forma, quem deveria fabricar, a quem pertenceria e o valor; ela foi alvo de muita controvérsia. De qualquer modo, o dinheiro havia sido oficialmente criado.

Entretanto, estudos mostram que os astecas usavam grãos de cacau como dinheiro. Essas sementes serviam para comprar frutas, le-

---

GLOSSÁRIO
Escambo Meio de troca utili ado antes do uso do dinheiro É considerado escambo qualquer permuta

gumes, jóias, roupas e produtos artesanais. Na Mesopotâmia, em 2500 a.C., eram utilizados lingotes de metais como dinheiro. Registros indicam que, na Grécia, o dinheiro também foi usado. Portanto, a invenção do dinheiro remonta há mais de três mil anos e sempre esteve ligada ao comércio, mas vamos adotar como parâmetro o período da Revolução Industrial. Para que a moeda pudesse ser utilizada, foi preciso que a coletividade a aceitasse como meio de troca. Sendo assim, a princípio, o dinheiro surgiu baseado na idéia de justiça. É interessante lembrar de que há séculos existem tratados questionando a valorização e desvalorização, a justiça e a injustiça, a ganância e a usura em torno do dinheiro. Portanto, desde o surgimento do dinheiro, as questões em torno dele são, praticamente, as mesmas vivenciadas no século XXI. Independente da época exata, região ou do formato que o dinheiro possua, uma questão que sempre o envolveu, ou foi envolvida por ele, foi o poder. A seguir essa relação será apresentada em detalhes, mas cabe ressaltar que a História está repleta de fatos comprovando que a busca por riqueza tinha, como objetivo último, o poder garantido por grandes quantias monetárias.

> **Por que aconteceram as grandes navegações? Apenas a inquietude e o espírito aventureiro inspiram os filmes com piratas, mocinhos e bandidos? E as guerras, quais foram suas motivações reais? Os países mais ricos foram, em geral, aqueles que conquistaram, lutaram e roubaram outras nações. Mas eles visavam apenas ao dinheiro ou às terras?**

Evidentemente não! O dinheiro, por mais concreto e objetivo que pareça ser, não é estático, sequer o é o papel-moeda, o cartão de crédito ou um número que apareça no saldo bancário. Ele é um caminho que leva as pessoas a lugares distantes e almejados pela maioria. Não apenas a lugares exteriores, mas a lugares subjetivos que garantem respeito, prestígio, poder, status, segurança e, principalmente, felicidade. Mas será que o dinheiro propicia isso tudo efetivamente?

A subjetividade do dinheiro

Era feliz e não sabia

Por mais óbvio que pareça, não é simples ser feliz. A felicidade não é algo automático. Primeiramente, ela tem de ser reconhecida; depois, valorizada. Muitas pessoas não conseguem valorizar suas conquistas diárias, estão sempre esperando mais: ter mais dinheiro, mais tempo livre, mais beleza, mais isso ou aquilo. Assim, a felicidade fica no *só depois*.

> **Só depois de fazer uma lipoaspiração, quitar a casa, comprar um carro e casar serei feliz!**

Esse pensamento aprisiona as pessoas por condicioná-las a um tempo futuro, ou seja, a felicidade é uma espécie de bônus a ser recebido mais adiante. E, para muitos, o depois nunca chega! Mas certamente o que está por trás disso tudo é a busca genuína por felicidade.

> **O que é felicidade? É ter saúde, dinheiro, amigos, trabalho e amor?**

Esse retrato parece estar na mente de muitas pessoas. Quando falta algum desses *personagens* a felicidade se retira. Então, a felicidade é ter aquilo que se quer, o tempo todo? Não é meu objetivo divagar sobre o que seja ou não felicidade, até porque a primeira característica dela é ser subjetiva. Na verdade, o conceito e as condições necessárias para alguém se sentir feliz estão relacionados com a individualidade de cada um.

> **Em um bar, três amigos casados estão conversando. Um deles está feliz porque acaba de saber que será pai. O outro vive uma crise terrível desde que a mulher engravidou e o terceiro ainda não sabe se quer ou não ser pai.**

A situação anterior mostra que ser pai pode ser uma felicidade, uma tragédia ou algo sem importância. A felicidade, portanto, não pode ser vivida como obrigação social. Por exemplo, a sociedade esperar dos três homens a mesma reação diante da paternidade seria anular as diferenças, aquilo que torna cada um distinto do outro. O mesmo deveria acontecer quando o dinheiro está envolvido naquilo que pode tornar uma pessoa feliz.

> Qualquer pai fica feliz ao deixar seu filho feliz. Pais e filhos sabem disso. Um brinquedo pode ser alvo de felicidade, mas, quando a cada semana o alvo de felicidade é um novo brinquedo, não será outra coisa que o filho está pedindo?

É muito natural, hoje em dia, tanto os filhos quanto os pais partirem do princípio de que a felicidade pode ser encontrada, por exemplo, em um brinquedo. Um objeto desejado vira sinônimo de satisfação, e a sua falta, de insatisfação. Para conquistar os objetos desejados é preciso ter dinheiro, e por isso homens e mulheres têm dedicado tempo e esforço para buscar e acumular dinheiro. Não é prejudicial conquistá-lo, mas é nocivo transferir a responsabilidade da felicidade para ele.

> Se eu ganhasse mais eu seria mais feliz. Poderia ter o que quero, seria independente e não precisaria fazer aquilo de que não gosto.

Há uma relação direta entre estar bem e ter bastante dinheiro. Essa idéia ou fantasia é nutrida pela maioria das pessoas, principalmente em nossa sociedade, que é dominada por aparência e consumo. Embora hoje não seja considerado pecado ter dinheiro, como antigamente, a riqueza ainda é algo estranho para aqueles que não têm acesso a ela. Assim como a felicidade, a riqueza também possui um lado subjetivo.

> Quando passava fome e não tinha como comprar um pão de trigo, algo em torno de R$0,50, ouvia falar da classe média, mas achava que era invenção só para conformar os pobres. Para mim existiam duas classes: a dos ricos e a dos pobres. Quando eu via alguém indo para a faculdade ou jantando em algum restaurante, invejava a riqueza deles. Hoje me considero classe média e sei que a riqueza não está comigo, mas será que eu teria mudado o pensamento se continuasse pobre?

Ter bastante dinheiro, ou ser rico, é algo não-estático, ou seja, depende de onde cada um se encontra. Como no exemplo anterior, para uma pessoa que sofre bastante privação, que se considera pobre, qualquer um que tenha um pouco mais que ela pode ser visto como rico. Para a maioria, seja por vontade própria ou por pressão social, quando se atinge um determinado patamar, logo se quer subir mais um pouco. Mas para que você não seja mais um repetindo a frase: *Eu era feliz e não sabia*, é fundamental ter cuidado para não transformar a busca por felicidade ou pela riqueza em obrigação e dever a serem cumpridos. Se essa procura por felicidade pode ser compreendida por todos, pois é um anseio constante da humanidade, a vontade de adquirir mais dinheiro não é menos compreensível. Entre outras razões, ter bons recursos financeiros é uma possibilidade de manter um alto padrão de consumo e também garantir uma boa dose de prestígio.

Dinheiro e prestígio

O prestígio é uma espécie de fascínio que um indivíduo, uma obra ou uma doutrina exercem sobre uma pessoa. A admiração e o respeito são benéficos, mas, quando em excesso, como no caso do fascínio, prejudicam o senso crítico.

> Quantas vezes você deixou de freqüentar um restaurante por ele ser simples? Quantas vezes foi àquele salão de beleza caríssimo por considerar a boa reputação dele? E quantos profissionais deixou de contratar por não terem cursado uma universidade consagrada?

Esses exemplos ilustram que o prestígio pode alterar as escolhas, tanto nas relações pessoais como profissionais, porque influencia o pensar e o agir pela imitação. Não me refiro aqui a uma simples imitação, mas a um processo de identificação, ou seja, uma pessoa de menos prestígio se identificará com outra de maior prestígio.

> **Por que as grandes empresas de bebidas, celulares, cosméticos e automóveis contratam estrelas do futebol, da moda ou da televisão para aparecerem nos comerciais anunciando seus produtos?**

A resposta é: pela identificação. Todos querem participar e usufruir daquilo que há de melhor no mundo. Então, seja inconsciente ou não, ter o celular X, ou comprar o creme Y, ou ter o carro Z é uma maneira de obter o mesmo prestígio daqueles que são reconhecidos como bem-sucedidos. O prestígio representa êxito, por isso se instala na suposição de que, ao imitar o comportamento de um indivíduo bem-sucedido, todos poderão usufruir dos mesmos benefícios. Nesse contexto, o prestígio obtido por meio do dinheiro tem o mesmo desenlace, e muitas pessoas buscam incansavelmente construir uma fortuna que garanta um status de riqueza.

> **Quanto é necessário para ser rico?**

Depende! No Brasil ou nos Estados Unidos? Entre os ricos ou entre os bilionários? Essa variação é muito grande e os parâmetros são bastante elásticos.

> **Um vizinho compra um carro importado, ele é rico. Um tio tem uma empresa com 100 funcionários, ele é rico. Um empresário brasileiro tem 10 milhões de reais, ele é rico. Um empresário americano tem o equivalente a 100 milhões de reais, ele é rico. Bill Gates tem algo em torno de 100 bilhões de reais, ele é rico.**

O que é considerado riqueza para uns pode não ter valor para outros. A riqueza é uma espécie de caminho em que você pode estar mais distante ou mais próximo da linha de chegada, mas é preciso definir onde ela está.

Pesquisas demonstram que a noção de riqueza depende da intensidade da pobreza de uma sociedade. Em países como o Brasil, a linha da riqueza, em certa medida, faz fronteira com a linha antipobreza. De acordo com o exemplo, quando um vizinho considera outro rico por ter comprado um carro, é essa linha que está sendo utilizada, ou seja, basta não ser pobre para ser considerado rico. Existe uma falta de consenso quanto ao estabelecimento exato de quem pode ser considerado rico, mas independentemente dos valores monetários envolvidos, parece haver uma concordância quanto aos ganhos subjetivos que a riqueza garante: o poder, o controle, a dominação e o status.

> Pesquisas comprovam que apenas 4% das pessoas que são entrevistadas e que dispõem de valores acima de 2 milhões de reais se consideram ricas.

A comparação com alguém que é ou pode torna-se mais rico faz com que a linha de chegada da riqueza esteja sempre um passo à frente. É interessante perceber que a comparação jamais é feita com alguém que possui pouco, mas sempre com quem possui mais. Isso ocorre devido à insatisfação, conforme demonstrarei no Capítulo 4.

Relacionamento amoroso e finanças

Outra reflexão importante é a interferência do dinheiro no relacionamento amoroso. Entre pais e filhos; irmãos; parentes; casais heterossexuais ou homossexuais, não importa a configuração: todo relacionamento amoroso é permeado pelo dinheiro. Sem pudor, moralidade ou pretensão de esgotar o assunto, serão levantados alguns pontos, para que o leitor possa pensar nessa questão.

Cedo ou tarde todo relacionamento amoroso envolve transação monetária. A forma como cada pessoa lida com o dinheiro e o papel que cada uma possui na relação determinarão se a intimidade compartilhada será suficiente para enfrentar as diferenças inevitáveis nas tomadas de decisão. Pensar que o dinheiro resolve os problemas de relacionamento é um grande engano. Os pais não se indispõem menos com filhos e os casamentos não são mais felizes devido à conta bancária ser volumosa. Embora isso seja difícil de acreditar por parte daqueles que possuem poucos recursos, o dinheiro por si não soluciona a vida de ninguém. Saber lidar com ele, com os problemas, com as diferenças e com as dificuldades é o que faz a diferença!

> **Se eu tivesse dinheiro compraria tudo o que ela pede.**

De fato, é possível que muitos fizessem exatamente isso, mas qual mensagem estariam transmitindo à pessoa que amam: *Você pode tudo* ou *Seu desejo é uma ordem?* Além disso, mostrariam que o amor pode ser, literalmente, traduzido em números. Quanto tempo um amor assim pode resistir?

> **Enquanto um gosta da casa arrumada, o outro não se apega aos detalhes. Em meio a uma discussão, o mais organizado acusa o outro pela bagunça. O acusado se justifica dizendo que a casa é pequena demais e que não pode organizar melhor, porque eles não têm dinheiro suficiente para pagar um lugar maior. A partir desse momento, um acusa o outro, e o foco fica sendo o dinheiro ou a falta dele.**

Embora a discussão inicial não tenha sido motivada pelo aspecto financeiro, o dinheiro acaba aparecendo, e provavelmente aparecerá na maioria dos desentendimentos. Enquanto as diferenças monetárias não forem discutidas, elas se mostrarão sob os lençóis.

> Foi publicada, em uma revista de circulação nacional, uma reportagem sobre um casal. Para não enfrentar mais incômodos, o marido comprou um apartamento apenas para guardar as roupas da esposa.

Além da ostentação, o caso ilustra que as discussões também acontecem entre os casais mais abastados. Portanto, com pouco ou muito dinheiro, um relacionamento amoroso requer esforço e dedicação constantes, para que ele se mantenha com qualidade. Quanto menores forem os problemas financeiros, mais tempo e energia restarão para que possam resolver as dificuldades afetivas. Uma boa gestão financeira proporciona uma base sólida e um rumo certo. Além disso, o cuidado com o aspecto afetivo oferece uma grande possibilidade de convivência entre duas pessoas que realmente se amam.

> Enquanto ela economizava e comprava apenas à vista, ele não controlava gastos, emprestava dinheiro e precisou fazer um acordo na empresa para quitar as dívidas.

Inúmeros casais passam por situações semelhantes; de acordo com o antigo ditado, *quando as contas entram pela porta, o amor sai pela janela*. Embora pareça um pouco maldoso, o fato é que conviver com um endividado é muito difícil e, por vezes, insustentável. Um endividado ativo – conforme será definido detalhadamente no Capítulo 5 – causa muita angústia em quem divide o teto com ele, até porque ele sempre coloca em risco o próprio teto. Considerando o exemplo anterior, o que acontecerá caso a mulher precise com freqüência ajudar financeiramente o marido? Ou o contrário, o que acontecerá quando o homem for constantemente convocado a reparar os rombos financeiros da mulher? Antigamente, os papéis eram bem definidos, o homem saía de casa e ganhava dinheiro, a mulher ficava em casa e cuidava dos filhos. Atualmente esse modelo não se enquadra mais. É aceitável dizer que um endividado, que depende do parceiro para bancar suas dívidas, está se comportando como um filho ou filha. Submissos financeira e afetivamente, encontram no cônjuge o amparo e a proteção que talvez estejam buscando desde a infância.

Não se esgotam aqui as articulações sobre a subjetividade do dinheiro, em absoluto. O dinheiro, como já foi dito, é um intermediário, é uma espécie de objeto que permite ao homem vivenciar diversas emoções e experiências. Poderá ser utilizado para criar, inventar, viver bem ou mal, depende da escolha que cada um fizer em relação a ele.

A objetividade do dinheiro

> Ao abrir a caixa de correspondência, as pessoas são lembradas pela companhia elétrica, telefônica ou de gás que o dia 5 se aproxima.

Até aqui foi abordado o lado subjetivo do dinheiro, ou seja, as questões afetivas e simbólicas que se estabelecem em torno dele. Mas basta se aproximar o dia do vencimento das contas para que, rapidamente, o lado objetivo do dinheiro entre em cena. O dinheiro é um meio de garantir as condições de vida, embora nem sempre isso ocorra. A forma como cada indivíduo lida com ele e a quantia que possui definirão seu estilo de vida. Repetidas vezes é anunciado que mais importante do que o valor é o que cada um faz com os recursos que possui. Portanto, é essencial compreender um pouco mais sobre o universo financeiro. A seguir serão listadas algumas das principais funções do dinheiro.

As funções do dinheiro

A principal função do dinheiro surgiu ao ser substituída a prática do escambo. Quando a sociedade aceitou trocar uma coisa por outra, e a moeda ocupou esse papel de intermediário, nasceu o uso do dinheiro, como o maior e mais aceitável meio de troca. A partir de então, o dinheiro possui três funções básicas: meio de troca, unidade de referência e reserva de valor.

> Uma criança entra em uma padaria, pede seu doce preferido e dá dinheiro ao atendente. Despreocupada com a função, com o valor ou com a quantia que possui, apenas quer saber se pode trocar as moedas pelo doce. Após realizar a transação, ela sai satisfeita com a troca.

Mesmo que não entenda a complexa relação estabelecida em torno do dinheiro, a criança compreendeu perfeitamente que aquele papel/metal, chamado dinheiro, pode ser trocado por algo que ela aprecia. Teve sua primeira lição, a de que o dinheiro é um *meio de troca*.

Outra função do dinheiro é servir como *unidade de referência*. A unidade de referência é utilizada para estabelecer preços e possibilitar a contabilidade pessoal das empresas e da economia.

> Após algum tempo de organização e poupança, você consegue fazer a sonhada viagem ao exterior. Maravilhado com tudo, passa a maior parte do tempo desfrutando as experiências, conhecendo lugares e culturas diferentes. Caminha muito e, finalmente, chega a hora do lanche. Sem tempo a perder, vai ao McDonald's, encontrado em muitos lugares ao redor do mundo. Pede o tradicional Big Mac e, mesmo tendo sido avisado de que não deveria converter seus gastos para a moeda do seu país, esse cálculo é inevitável.

Ao comer um Big Mac, você descobre que o valor do sanduíche mudou significativamente em cada país que conheceu. Comprou o sanduíche no Chile por R$6,64 e nos Estados Unidos por R$7,00. Na Suíça pagou R$10,99, o preço mais caro do mundo, e na China, R$2,89, o mais barato. De volta ao Brasil, descobriu que o custo do sanduíche é de R$6,11. Essa variação reflete a valorização ou desvalorização da moeda de cada país, mediante algum índice. Um indicador bastante utilizado para comparar o poder de compra em diferentes países é o Índice Big Mac.

Por último, o dinheiro pode ser empregado como *reserva de valor*. Em algum momento, todos devem ter ouvido que é importante ter uma reserva para o futuro. Pois bem, essa é a função da reserva de valor. Embora ela possa ser construída por outros meios, como imóveis, jóias etc., o papel-moeda é o mais utilizado por oferecer liquidez, aceitação e praticidade.

Voltando ao exemplo anterior, ao economizar para a viagem você estava criando uma reserva de valor. As funções do dinheiro apresentadas até aqui servem para ampliar o conhecimento financeiro. De posse das informações adequadas, será possível que cada indivíduo possa, efetivamente, escolher o que fazer com seu dinheiro.

Investimento ou endividamento: duas formas de uso do dinheiro

Investimento ou endividamento são formas possíveis de utilização do dinheiro, mas não são as únicas. Os gastos que compõem o cenário cotidiano são essenciais para garantir segurança e qualidade de vida. Entretanto, o consumo sem planejamento adequado pode ser confundido com os gastos realmente necessários. Pense nesta situação:

GLOSSÁRIO

Índice Big Mac E emplo de unidade de refer ncia importante e de f cil entendimento ua fun ão é medir o custo médio em d lares do sandu che em trinta pa ses, sinali an do o quanto uma moeda pode estar sobre alori ada ou sub alori ada em rela ão a ou tra Em tese, o custo do sandu che ser e de par metro para o poder de compra de cada moeda Economistas coletam os pre os dos sandu ches e os con ertem para d lares Depois disso, calculam a rela ão entre o pre o do i Mac nos Estados nidos e seu alor em d lares em determinado pa s, e o percentual resultante d uma medida da re la ão entre as moedas

Liquidez Disponibilidade em moeda corrente, em meio de pa amento, em posse de t tulos ou em alores que se am rapidamente con ertidos em dinheiro A liquide pode ser maior ou menor, dependendo do tipo de aplica ão, mas a liquide absoluta s é ob tida por meio do papel moeda de uma economia

> Dois homens vão a uma concessionária, ambos com o objetivo de adquirir um automóvel. O uso é completamente distinto. Um está adquirindo um carro para transformá-lo em seu segundo táxi. O outro acaba de ser nomeado gerente de uma cadeia de lojas e quer um carro mais requintado.

O primeiro comprador está ampliando seu negócio: o dinheiro investido na compra do futuro táxi promete lucro. O segundo, no entanto, não está transformando seu capital em um bem que gere lucro: o investimento na imagem garante um status mais elevado. A partir da compra, o capital deixa de ser o dinheiro e passa a ser o automóvel.

Dependendo da forma como o dinheiro é utilizado, o capital pode aumentar ou diminuir, e, ainda, uma dívida pode se transformar em um investimento e vice-versa. De acordo com o exemplo, é possível verificar essas transformações:

> Os dois compradores financiaram os automóveis. Embora ambos tenham conseguido bons prazos e uma baixa taxa de juros, contraíram uma dívida. Parte da dívida do primeiro comprador poderá ser amortizada com o lucro obtido no próprio trabalho com o táxi. Como o segundo comprador não direcionou seu gasto para uma atividade lucrativa financeiramente, o conforto e a imagem custarão o valor do carro, mais juros, tempo empregado no trabalho etc.

Uma dívida se transformou em investimento e em aumento de capital, enquanto a outra não. Propositadamente, o desembolso mensal para garantir a sobrevivência e a segurança familiar não foi citado. Grande parte da população luta para cobrir as despesas básicas e, em-

GLOSSÁRIO
Capital ode ser dinheiro, e culo, m quinas meios de produ ão ou, ainda, a for a de trabalho É o recurso in estido com o ob eti o de erar renda

bora possa parecer muito distante pensar em investir excetuando as despesas de supermercado, educação, saúde e moradia, as outras aquisições podem ser encaradas como investimento. Para finalizar, é importante ter consciência de que o modelo vigente no Brasil é o capitalismo que, entre outras coisas, prega o acúmulo de capital. Paralelamente, o Brasil oferece linhas de crédito cada vez mais facilitadas e prazos de pagamento extremamente elásticos. Sem a intenção de criticar ou apoiar o modelo econômico vigente, as mensagens acabam sendo contraditórias e podem virar uma armadilha para quem for negligente em relação às finanças do ponto de vista objetivo. Do ponto de vista subjetivo, é fundamental saber qual é o lugar que o dinheiro ocupa em sua vida, para que suas escolhas possam realmente definir o que é seu desejo e para que o endividamento não seja um caminho natural, como tem sido para muitos.

CAPÍTULO 2

Economia: Entre as finanças e o afeto

A economia, longe de ser um assunto complexo com linguagem inacessível, está presente no cotidiano de cada indivíduo. Acordar e decidir entre um banho gelado ou quente; ir ao supermercado e optar pela marca de creme dental em promoção ou pela tradicional, um pouco mais cara; até a decisão de investir determinada quantia na bolsa de valores ou na troca de casa – todas essas atitudes envolvem transações financeiras. Portanto, fazem parte da economia.

Além disso, *a toda ação corresponde uma reação*, inclusive afetiva. Voltando a um dos exemplos citados, quando a opção é pela marca conhecida de creme dental, muitas influências estão agindo, dentre elas: fidelidade, satisfação, identificação e segurança. Tudo isso cria uma sensação de bem-estar, e esse é o aspecto afetivo que acompanha a decisão financeira. Qualquer escolha possui um motivador psíquico, que geralmente é inconsciente, ou seja, não é percebido pelo indivíduo.[1]

Desse modo, a economia pode andar ao lado da psicologia e da psicanálise, criando um laço entre as finanças e o psiquismo. Mas engana-se quem acredita que encontrará aqui uma linguagem técnica. O objetivo é, sobretudo, tornar o conhecimento acessível àqueles que desejam transformar a vida financeira e afetiva menos complicada e mais agradável.

---

[1] No Capítulo 4, abordarei mais a fundo a questão das principais influências da mente.

> **GLOSSÁRIO**
> **Psicologia** Ciência que trata dos estados, dos processos mentais e do comportamento humano
> **Psicanálise** Teoria e método de tratamento inventado por Sigmund Freud que se faz por meio da fala e da língua. A hipótese de Freud é que o sujeito está em parte determinado por uma outra cena, a qual se tem acesso por formações que se reproduzem na fala e que são endereçadas ao analista
> **Psiquismo** Conjunto das características psíquicas de um sujeito, a psique

A importância da economia no dia-a-dia

Para quem fica impaciente quando se depara com algumas teorias ou experiências sobre assuntos econômicos, é importante estar ciente de que, quanto menos souber sobre esse tema, mais alguém irá lucrar em seu lugar.

Pense sobre as frases que destaco a seguir:

> **Conhecimento é capital. Informação é tudo.**

É fácil constatar que o conhecimento é muito importante para traçar uma linha divisória entre as pessoas que conseguem aproveitar as oportunidades e aquelas que não sabem o que está acontecendo, seja com a própria conta bancária – microeconomia –, seja com a economia nacional ou internacional – macroeconomia.

> **Quando uma pessoa está assistindo ao telejornal e ouve que duas empresas de telefonia farão uma fusão, essa notícia pouco importa. Mas a mesma informação, ouvida por um investidor, poderá representar uma oportunidade de negócios. A diferença não está na quantia de dinheiro que cada um possui, até porque várias pessoas, com um bom saldo bancário, ouvem as notícias e não sabem o que fazer com elas. A diferença está no conhecimento.**

Aquele que se dedicou e construiu um saber próprio pode vislumbrar oportunidades de bons investimentos, antecipando-se em relação aos demais. Por outro lado, muitas pessoas têm a idéia de que economia é sinônimo de poupar. Esse pensamento não está errado, apenas é incompleto. De um modo geral, economia é a ciência das trocas, ou seja, é a capacidade de transformar uma coisa em outra. Além disso, a economia tem alguns significados básicos: é a arte de gerenciar as despesas de uma casa, representa um conjunto de disciplinas que formam um curso de nível superior e é a ciência que estuda os fenômenos sociais relativos à produção, à distribuição e ao consumo de bens e serviços que satisfazem as necessidades humanas. Atualmente, satisfazer as necessidades é bastante acessível, porque existe uma grande oferta de bens e serviços. Entretanto, houve um período em que era privilégio de poucos dispor de bens e serviços. Somente a partir da Revolução Industrial começou a surgir um excedente de produção, e a oferta virou realidade. Nascia, assim, o capitalismo. O comércio se intensificou e tudo podia ser trocado, inclusive a força de trabalho.

No sistema capitalista a força de trabalho é trocada por salário; assim como no comércio, o dinheiro é trocado por algum produto. Levando em conta que trocar é transferir, quando um trabalhador paga em dinheiro por algo, ele está transferindo parte do seu esforço de trabalho para quem possui ou oferece bens ou serviços. E para que aquele dinheiro chegasse em suas mãos, ele havia, anteriormente, transferido seu tempo e esforço para o trabalho.

> **Fazer uma compra não é simplesmente entrar em algum estabelecimento e adquirir algo. Há uma complexa troca, à medida que há uma transferência de tempo, energia e dinheiro.**

Naturalmente, essas articulações são freqüentemente negligenciadas antes que alguém execute uma compra. Pesquisas demonstram que uma escolha envolve a reunião de uma série de informações cognitivas, financeiras e afetivas. Portanto, não é interessante ficar desatento ao que realmente está sendo adquirido. O item a seguir evidencia a influência do psiquismo no processo de escolha.

A economia psíquica

Assim como no mundo externo existem os investimentos, na vida mental ocorre o mesmo. Cada investimento relaciona-se com o valor dado para determinada situação, e este depende, exclusivamente, da singularidade de cada indivíduo.

> Por exemplo, cursar uma pós-graduação representa interesse, empenho e status intelectual para muitas pessoas. Para alguns, simboliza um ideal inatingível; para outros, não tem importância alguma!

O investimento será diferente dependendo do interesse. Tal qual na realidade, ao investir em algum lugar, outro ficará descoberto; ou seja, investir em um curso é *desinvestir*, por exemplo, tempo com a família ou com exercícios físicos. A cada investimento corresponde inevitavelmente um *desinvestimento,* mas isso é muito natural, pois é impossível ter tudo. Veja o exemplo abaixo:

> **Investimento de tempo** = o tempo dedicado para freqüentar o curso e estudar
> **Investimento de pensamento** = o pensamento e a decisão de qual será o melhor curso
> **Investimento afetivo** = o significado de ter uma pós-graduação e a motivação necessária para concluir o curso
> **Investimento financeiro** = o pagamento e o suporte financeiro necessário para a execução do curso

Possivelmente, quando alguém está diante de uma situação semelhante, ao pesar prós e contras faz sua escolha e arca com todos os investimentos necessários. Em função disso, é fundamental ter claro se os investimentos são realmente benéficos, sejam eles afetivos e/ou financeiros. Freqüentemente é constatado que muitos deles estão sendo utilizados para assegurar o bem-estar afetivo. Essa é uma das causas do consumo desenfreado, como será visto no item a seguir.

A sociedade atual e o consumo

Diversos conceitos e observações práticas fazem deste item não uma crítica ao consumo, mas uma forma de reflexão sobre quais são os motivadores que levam algumas pessoas ao consumismo desenfreado. Comprometidas financeiramente, encontram-se endividadas, sobreendividadas ou escravizadas pelas dívidas.[2] Nessa empreitada, cabe compreender o funcionamento da sociedade de consumo.

> **Lembre-se de um comercial de cerveja. Qual a relação social ligada ao consumo da cerveja? Diversão, amigos e a chance de conhecer uma linda mulher!**

O exemplo ilustra como o espetáculo, que é o próprio comercial, cria e expande a idéia de que, além do produto – cerveja –, a pessoa estará consumindo uma relação social. No caso, a diversão, os amigos e a bela mulher. Obviamente, ninguém é ingênuo a ponto de pedir uma cerveja e esperar que tudo isso aconteça imediatamente, mas no longo prazo, como isso fica? Quais são os efeitos dessas mensagens veiculadas dia após dia? Algumas acabam virando uma espécie de *verdade* e, como os grandes meios de comunicação, são mantidas por anunciantes; as verdades são criadas de acordo com as necessidades de venda. Isso se "mistura" de tal modo ao psiquismo das pessoas que muitas mensagens veiculadas pela mídia são transformadas em valores e princípios a serem seguidos. Em função disso, não é exagero afirmar que uma das principais produções da sociedade atual é o espetáculo. Os comerciais, por exemplo, são espetaculares e envolventes, a criatividade aliada ao marketing é uma manifestação artística, e é agradável apreciar qualquer expressão de

---

[2] Aprofundarei essa idéia no Capítulo 5, no qual comentarei o perfil do endividado.

GLOSSÁRIO

Sociedade de consumo itua ão dos pa ses mais desen ol idos, caracteri a se pela produ ão e pelo consumo ilimitado de bens dur eis, sobretudo de arti os supérfluos consumismo é criticado por acabar mercantili ando toda a ati idade humana, suas necessidades materiais e espirituais

arte. Mas é fundamental manter um distanciamento, pois os comerciais são representações e não tradutores de sonhos.

> Querer é poder! Esse slogan foi utilizado em uma campanha de cartão de crédito. Isso é real, quer dizer, basta querer para poder? O que realmente está sendo dito?

O problema não está no marketing, nas operadoras de cartões de crédito ou nos meios de comunicação. O problema está na inversão que ocorreu: a maioria das pessoas passou a acreditar que o mais importante é *ter* e não *ser*.

> Mas não paramos aí, avançamos para o parecer ter. Não é isso que acontece? Quantas pessoas você conhece que aparentam uma condição que não possuem de fato? Carro importado, roupas de marca, cartões de crédito estourados, conta negativa e cobradores na porta de casa é uma realidade vivida por muitos, mas por que alguém se submete a isso?

Uma das fortes razões para isso acontecer é a forma como as relações sociais acontecem hoje em dia. A aparência, em um primeiro momento, e às vezes para sempre, é mais importante do que a própria realidade. Em maior ou menor grau, todos absorvem esse novo pensamento.

> Quando alguém aparece nos telejornais sendo denunciado como um falso médico, mesmo após ter atendido centenas de pessoas durante anos, ou quando é desbaratada uma quadrilha cujo principal integrante foi flagrado morando em um bairro nobre, sendo inclusive elogiado como um bom vizinho, você se pergunta como foi possível isso acontecer?

Certamente muitas pessoas ficam intrigadas: como ainda é possível ocorrerem tais fatos? Independente da capacidade de simulação dos falsários, não é a ingenuidade dos demais que abre espaço para isso acontecer. Antes de tudo, foram aceitos porque *pareciam ser* um médico ou um nobre vizinho. Agiam, comportavam-se, fundamentalmente representando ser. Mas não eram! Quem, de fato, estaria preocupado com a essência dessas pessoas, já que a performance apresentada agradava?

Portanto, as relações sociais estão influenciadas pelo grande espetáculo que é o funcionamento atual. Assim, a performance domina as regras do jogo. Em virtude disso muitas pessoas assumem uma posição que não podem sustentar, interpretam papéis para serem aceitas socialmente e, como estão *parecendo ter* mas na realidade não têm, acabam entrando no circuito do endividamento.

Grande parte das dívidas[3] é causada pela necessidade de *parecer ser* alguém que não é. Naturalmente, esse é um processo muito mais inconsciente do que consciente, ou seja, as pessoas não se dão conta disso. Se você faz parte do time que se endivida para sustentar um consumo excessivo ou conhece alguém assim, prossiga com a leitura e construa seu próprio conhecimento a respeito de como fazer frente a esse funcionamento e romper com as dívidas que aprisionam bolsos e mentes.

Os ganhos e as perdas a partir do consumo

> **Pais com dificuldade de impor limites, filhos com listas de brinquedos e mais brinquedos, mulheres com constantes apelos de beleza, homens com buscas frenéticas pela realização profissional etc.**

---

[3] Dívidas referentes ao endividado ativo, conforme demonstrado no Capítulo 5.

GLOSSÁRIO
Performance • Desempenho • Atuação   o teatro, é o espet culo em que o artista atua com total liberdade e por conta pr pria, interpretando papéis que são de sua autoria

A sociedade está impregnada pela mentalidade dos excessos. Os limites são ultrapassados e poucos sabem estabelecer um ponto de chegada, seja no campo profissional, alimentar, amoroso, físico ou de consumo – na hora das compras. Se a mentalidade social é o exagero, a falta de limite é uma conseqüência inevitável.

> **Uma menina consome moda. Quer a roupa, o cabelo, o celular e o corpo da moda. Até aqui, nenhum problema. Mas o que acontece quando ela passa a sofrer profundamente por não ter os itens da moda? Ou quando acredita que será aceita pelas amigas ou notada por algum menino apenas se estiver usando determinada roupa? E o que ocorre quando ela se identifica com o corpo anoréxico da moda?**

A linha que estabelece a medida entre o adequado e o excessivo é muito tênue, nem sempre é fácil detectar. Principalmente numa época em que quase tudo é permitido e muito facilitado. Então o consumo é responsável por tudo? Obviamente não, se há espaço para um consumismo excessivo é porque ele já existia e estava desocupado. Por isso, ao mesmo tempo que existe tanta facilidade na obtenção de bens e serviços, resta um vazio existencial nunca visto antes. Qual tem sido uma das principais doenças da modernidade? A depressão. Essa é uma das provas de que o consumo em excesso não assegura a felicidade de ninguém. Por outro lado, não se pode negar os benefícios da atualidade. As vantagens são inúmeras, desde um maior acesso a bens e serviços, por parte da população, até o crescimento pessoal, social, empresarial e financeiro de um modo geral. Quanto às desvantagens, elas possuem uma estreita ligação, não com o consumo propriamente dito, mas com as relações consumistas que se estabelecem. O problema não está no consumo que facilita a vida de muitas pessoas dando oportunidade aos mais variados ganhos. O problema está no excesso, e quando o limite do consumo é ultrapassado, as perdas são muitas, indo do endividamento ao sofrimento desmedido.

CAPÍTULO 3
A cultura do endividamento

> Estima-se que, até o final de 2007, os brasileiros terão se endividado 12 vezes mais do que o valor que o Brasil deixou de pedir emprestado ao FMI. Noventa e sete por cento das famílias brasileiras sofrem com o aperto orçamentário e possuem dificuldades para quitar suas contas mensais. Apenas no primeiro trimestre de 2007, a população brasileira terá contraído R$360 bilhões em empréstimos.

Dados alarmantes como esses justificam o surgimento da cultura do endividamento na qual o país está inserido. Os especialistas apontam como principais causas do endividamento da população a falta de educação financeira, o consumo excessivo e, por último, os baixos rendimentos. Mas é possível avançar nesse entendimento e acrescentar as causas afetivas que, em alguns casos, são as mais determinantes na contração das dívidas.

Partindo-se do princípio de que as escolhas financeiras não são regidas apenas pela racionalidade, o endividamento pessoal pode ser visto tanto como efeito de uma gestão financeira equivocada quanto como resultado de motivações afetivas. Muitas decisões financeiras são tomadas por avaliações errôneas, impulso, compulsão e, principalmente, pelo significado que determinados produtos adquiridos têm para cada um. Da compra de um sapato à aquisição de um iate, o status, o poder, a auto-estima e a imagem que se quer passar para os outros são alguns dos motivadores – conscientes ou inconscientes – que determinam as escolhas das pessoas no dia-a-dia.

> O endividamento financeiro pode ser conseqüência do chamado endividamento afetivo. Devedoras de uma imagem melhor, de um corpo perfeito, de uma inteligência maior ou de uma dedicação mais intensa aos filhos, as pessoas consomem produtos na tentativa de suprir uma falta que angustia, porque nunca é totalmente preenchida. Mas como lidar com isso em uma sociedade que exige e promove um consumo tão acelerado e vigoroso?

Aumentando o conhecimento na área financeira, a capacidade de crítica frente ao consumo e a análise dos afetos que interferem nas decisões, maiores serão as possibilidades de rompimento com a cultura do endividamento.

O que é endividamento?

Uma pessoa pode ser considerada endividada quando não consegue cumprir seus compromissos financeiros e possui um atraso que oscila entre 1 mês e 3 meses. O endividamento pessoal pode ser dividido em dois grupos: o passivo e o ativo.

O *endividamento passivo* ocorre quando há um aumento de dívidas por conseqüência de alguma situação alheia à vontade do indivíduo: doença, morte, acidente, desemprego ou separação. São circunstâncias imprevistas e esporádicas.

O *endividamento ativo* se caracteriza por um montante de dívidas advindas de escolhas equivocadas, ou seja, má gestão financeira. Os endividados ativos são aqueles que estão constantemente endividados, independente dos rendimentos que possuem.

> **Cinqüenta e sete por cento dos endividados possuem de uma a duas linhas de crédito ou crediário em andamento.**

O dado anterior ilustra a sobreposição de dívidas. Um endividado ativo deixa uma margem muito pequena ou nenhuma, para qualquer imprevisto. Está sempre comprometido com a próxima prestação, além de acreditar que tudo é imprevisto. A exemplo daquele cidadão que compra um carro com mais de dez anos de uso e, cada vez que precisa fazer um conserto, considera que é um gasto inesperado. Na linguagem psicanalítica, esse é um típico exemplo de negação, porque é óbvio que um automóvel com tantos anos de uso necessitará de manutenção constante. Por não admitir isso, ele não orçou esse gasto, que engordou a lista dos débitos.

Em qualquer medida, o endividamento é um aprisionamento que tira, no mínimo, o sossego, a auto-estima e a segurança do devedor. Os débitos são pagos com dinheiro ou com afetos; portanto, a conta é sempre alta. Mas se é tão oneroso ficar endividado, por que isso ocorre com tanta freqüência?

Há uma lógica no endividamento

Atualmente existe uma espécie de crença social de que é possível uma pessoa atingir a satisfação plena. A partir do momento em que um sentimento, um comportamento ou uma ação se tornam coletivos, tem-se a sensação de legitimidade, como é o caso do endividamento. São tantos os endividados que a sociedade absorve isso como um padrão natural e legítimo. As pessoas acreditam e reproduzem a idéia de que é insuportável ficar sem um objeto que as satisfaça, a ponto de suportarem com mais facilidade o endividamento do que a falta de algo. Dessa maneira, contribuem para que o endividamento seja tolerado socialmente.

> A inadimplência dos consumidores tem aumentado – os bancos são os principais credores, passando de 31% no ano de 2005 para 34% em 2006. Outro dado é o aumento de cheques devolvidos após datas comemorativas. Além dos eventos festivos, a expansão na oferta de crédito e o alongamento dos prazos de pagamento são responsáveis pelo endividamento.

GLOSSÁRIO

Débito ara al uns fil sofos, estar em débito equi ale a estar em falta com al o uma rela ão com a ess ncia da ida, como uma falta ori in ria ara a economia, débito é qualquer quantia de ida ara a psican lise, débito tem rela ão tanto com uma falta quanto com al o de ido não no n el concreto, mas no sub eti o na maioria das es, o su eito não percebe isso é inconsciente

Além da legitimidade social adquirida pela tolerância, é indispensável analisar o endividamento como um impedimento. Quando o sujeito está impedido, ele está privado de algo, é como se ficasse paralisado.

> **O que acontece quando alguém está endividado? A pessoa fica limitada em suas ações. Não pode sair de casa, participar de festas, viajar ou mesmo freqüentar algum curso.**

A falta de oportunidades criada pelo próprio *endividado ativo* gera uma inatividade, mas o impedimento não fica restrito à falta de dinheiro; expande-se como afeto. É muito comum encontrar pessoas endividadas que se sentem incompetentes, fracassadas e impotentes diante da situação. Um dos piores inimigos do endividamento é psíquico, e não a falta de crédito financeiro. Seja causa inconsciente, seja conseqüência consciente, faz parte da lógica do endividamento a crença na incapacidade de corresponder às expectativas profissionais, pessoais ou físicas.

> **Uma pessoa sempre endividada financeiramente está, muito provavelmente, endividada na esfera afetiva. Sente-se devedora e contrai dívidas para poder sanar as expectativas a que julga ter que corresponder.**

Portanto, a lógica do endividamento é composta por duas vertentes inseparáveis: de um lado, o aspecto financeiro que é objetivo e consciente; de outro, o aspecto afetivo que é subjetivo e, geralmente, inconsciente. Assim, a motivação que leva um endividado a contrair constantemente dívidas é tanto consciente quanto inconsciente; é possível pressupor que não é apenas por falta de educação financeira que isso acontece, mas por algum impedimento psíquico. Isso explica por que algumas pessoas, mesmo possuindo um bom entendimento financeiro, não conseguem fazer as escolhas adequadas. Além disso, alguns indivíduos se sentem pressionados por uma sensação de tudo ou nada, e entram em um jogo arriscando a saúde afetiva e financeira.

A tentação e a dívida

> Quem não se sente atraído ao ver uma roupa de qualidade exposta em uma bela loja? É possível resistir por algum tempo, mas, em algum momento, a maioria cede à tentação.

No âmbito social, a tentação prepara o terreno para o endividamento. Diante de um constante e intenso apelo ao consumo, muitas pessoas se sentem motivadas a adquirir produtos, por vezes desnecessários, e num impulso acabam contraindo dívidas. Sem criticar o consumo, cabe aqui compreender como a tentação influencia no momento da compra de bens e serviços. A tentação pode ser prejudicial para muitas pessoas, principalmente entre as crianças e os jovens. Os produtos são oferecidos para todos sem distinção; se, por um lado, isso é positivo, por outro estabelece-se um padrão de consumo esperado, mas inatingível para a maioria da população dos países pobres. Pense nos dados a seguir:

> Até 2003, a média de financiamentos entre os jovens era de 9 parcelas; em 2006, pulou para 15 prestações. Quarenta e cinco por cento das compras de roupas e calçados são realizadas por jovens da classe C.

O contingente de jovens que não pagam as dívidas aumenta consideravelmente. No ano de 2006, eles representaram 30% dos endividados. O endividamento anda na contramão do investimento. Estando os jovens dominados pela cultura do endividamento, conseguirão romper com essa lógica e se transformarão em bons investidores? Possivelmente sim, mas para isso é necessário que haja um empenho social, familiar e educacional intenso, sobretudo pelo exemplo.

GLOSSÁRIO
Tentação Entre outros si nificados, é o impulso ou a pr tica direcionada para al o cen sur el, não recomend el e não benéfico

> Tenho roupas que ainda não usei, estão no roupeiro guardadas ainda com as etiquetas, mas estavam numa promoção a que não pude resistir.

Antes de condenar ou condenar-se é preferível identificar quais são os focos de tentação que residem em cada um. A tentação é uma espécie de imposição que aparece no impulso. É facilmente identificada quando se manifesta, por exemplo, nas compras desnecessárias. Além do mais, a tentação pode ser potencializada pela promoção. Mas o que realmente está sendo promovido? Não seria justamente a promoção do consumo e não do produto?

> Quantas vezes você já comprou algum produto, levado pelo apelo do preço, da promoção ou da facilidade do crédito, e depois se arrependeu? Por que isso é tão freqüente?

Porque a tentação do comprador, aliada ao apelo do comércio, compromete a avaliação da real necessidade de compra. É inegável o poder dessas influências, que têm como provável conseqüência o endividamento pessoal. Novamente, os jovens se destacam, não por aproveitarem as promoções, mas porque sua identificação está nas marcas que os tornam pertencentes a alguma tribo.

> Jovens até 21 anos representam 6% das pessoas que estão no Serviço de Proteção ao Crédito (SPC). As pesquisas ainda mostram que 94% dos jovens que adquirem roupas estão preocupados com as marcas da moda e escolhem as lojas pela qualidade, e não pelo preço.

GLOSSÁRIO

Promoção Ato de promo er al o É também um con unto de técnicas promocionais para despertar maior aten ão dos poss eis compradores Con ém ficar atento ao fato de que a promo ão sur e como conseq ncia da intensifica ão de esfor os por parte dos comerciantes, para chamar a aten ão sobre determinado produto

Paralelamente à elevação do endividamento, felizmente, crescem estudos, pesquisas e iniciativas dos especialistas para tornar a educação financeira uma realidade em nossa sociedade. Caso não seja combatido, o endividamento pode se tornar uma epidemia social, por já estar atingido crianças, adultos e idosos. Além disso, muitas pessoas que compram, sem condições financeiras para tal, estão não apenas cedendo às tentações, também estão contando com a *sorte*. Raciocinam como se estivessem em uma mesa de jogo, esperando que a próxima rodada traga a carta esperada, encaram as dívidas como um *jogo* de risco.

A dívida como um *jogo* de risco

Risco pressupõe perigo, probabilidade de insucesso ou possibilidade de prejuízo, mas isso não significa que seja sempre nocivo. Saber gerenciar o risco é um sonho antigo da humanidade, que desafia a capacidade de superação de homens e mulheres nas mais variadas situações.

> **Correr riscos faz parte do rol das emoções preferidas do ser humano, libera uma boa dose de adrenalina e faz com que a vida se apresente intensamente. A questão é que alguns aceitam passar por isso conscientemente, enquanto outros sequer sabem onde estão pisando! Os do segundo grupo correm não apenas riscos, mas arriscam tudo sem nenhuma proteção. É como aquele equilibrista que anda na corda bamba sem rede embaixo: dependendo da altura, não haverá segunda chance.**

Em alguma medida, o risco faz parte do mundo dos investimentos. A tolerância ao risco é um componente que todo bom investidor precisa ter. Mas, muitas vezes, o risco está ligado ao boicote inconsciente, ou seja, não é usado para subir na escalada financeira, mas para descer. Esse é um dos traços do endividado, que contrai dívidas como se estivesse apostando em uma roleta, e esta, às vezes, é uma verdadeira roleta-russa.

> Muitos apostam que vão conseguir pagar e se entregam ao consumo de bens que não são realmente necessários. Sem planejamento financeiro ou condição real, jogam para o futuro a forma como vão cumprir seus compromissos.

Por que é tão difícil perceber o endividamento como um risco? O motivo é a banalização. Atualmente, o número de pessoas com problemas financeiros cresce com tamanha rapidez que se tornou natural o endividamento. Ao minimizar o efeito das dívidas e apostar no cumprimento dos compromissos, o endividado julga a situação de modo simples. Diante de um julgamento simplificado, qualquer situação parecerá aceitável, ainda que arriscada.

> Uma criança com capa de super-herói está certa de que, ao se jogar pela janela, poderá voar. Ela julga a situação e acredita que nada de ruim acontecerá.

Embora tenha havido um julgamento por parte da criança, a inocência e a sugestão – imitação – fizeram com que ela simplificasse a situação e minimizasse o risco. Veja bem, a inocência e a sugestão foram os fatores afetivos, isto é, fatores subjetivos que influenciaram sua tomada de decisão. Um adulto, quando toma uma decisão, está submetido ao mesmo processamento – tanto de informações concretas como de influências afetivas. No caso específico de uma pessoa que contrai constantemente dívidas,[1] qualquer transação comercial pode ser encarada como uma situação de risco. E, como foi dito anteriormente, a tendência de um endividado será simplificar o julgamento da situação, desconsiderando os riscos financeiros envolvidos. Além disso, pesquisas demonstram que, quando uma pessoa está ansiosa, triste ou brava, ela tende a minimizar o risco, ou seja, há uma perda potencial na hora de calcular o risco. A ansiedade exige urgência, a tristeza busca alívio e a braveza se empenha na compensação. Se esses afetos estiverem motivando uma pessoa, na hora em que ela estiver adquirindo algum bem

---

[1] Como é o caso do endividado ativo.

ou serviço, o julgamento ficará completamente comprometido, e muito provavelmente ela estará se endividando.

> **Quantas vezes você já observou alguém triste, ansioso ou bravo buscar solucionar uma aflição saindo de casa, dando uma volta? E quando o lugar escolhido para espairecer é uma loja, um supermercado, um shopping center ou uma concessionária de automóveis?**

Escolher é um processo, e todas as decisões deveriam ser respeitadas, das mais simples às mais complexas. Entretanto, na maioria das vezes, as pessoas sequer percebem que estão dominadas por sentimentos que irão atrapalhar suas decisões. Então, é adequado ter em mente que o humor ajuda tanto a minimizar o risco quanto a maximizar as dívidas.

As dívidas não são apenas financeiras

As dívidas não são apenas financeiras, são afetivas ou simbólicas. Quantas vezes você ouviu ou disse *te devo uma!* Esse é o exemplo clássico de uma dívida que não tem dinheiro envolvido. Os favores, as indicações ou os presentes não são sinônimos de dívidas. Para que haja dívida, faz-se necessário uma espécie de acordo entre um devedor e um credor, e isso pode ocorrer com muita sutileza. Quando existe dinheiro ou algo concreto na negociação, facilita a identificação do que está em jogo. Mas o que acontece quando isso fica no campo afetivo? Comumente, parece restar alguma dívida, algum saldo a ser ressarcido, principalmente nas relações pessoais que são repletas de dívidas não reveladas, mas fortemente vivenciadas.

Pais endividados

> Pais saem de casa para trabalhar com a aflição invadindo o coração, por negarem um pouco mais de atenção aos filhos. Mães olham, por um último instante, o sono ingênuo e tranqüilo dos filhos, que em breve serão acordados para ir à escola maternal em dias frios e chuvosos. Por vezes, essas cenas representam uma eterna dívida para com os filhos.

Alguns pais carregam intimamente um débito impagável por submeterem os filhos a situações que consideram desagradáveis. Presos a uma situação que se repete a cada manhã, os pais esquecem que são cativos de uma condição que não escolheram integralmente. O mercado de trabalho exige tamanha dedicação que impossibilita à maioria uma vida como gostaria de ter. Muitos almejam mais tempo livre para participar de apresentações na escola, ou para simplesmente tomar um sorvete durante a tarde e comemorar o primeiro gol, a primeira nota boa ou o primeiro dente perdido do filho. Momentos sem preço, mas momentos perdidos. As conseqüências dessas dívidas são muitas, mas observa-se um traço comum que é a armadilha do pagamento, da compensação.

> Vou dar para meu filho tudo o que não tive.

Você já deve ter ouvido ou mesmo dito essa frase. Afinal, para alguma coisa tem que valer tanto sacrifício, tanto tempo afastado, não é mesmo? Será que a alternativa é ofertar produtos, coisas, objetos? Muitos pais acreditam que sim.

Comprar o novo videogame – caríssimo, por sinal – ou o tênis da moda – que sempre é ultrapassada, repararam? – ou qualquer outro objeto cobiçado pelos filhos é o grande aliado do endividamento. Essa situação reforça a hipótese de que as dívidas financeiras podem ser conseqüência e não causa. Isso mesmo! Muitas pessoas contraem dívidas monetárias porque já se sentiam endividadas internamente, com algo que consideravam impagável. Quem tem filhos sabe disso. Então todos os pais estão endividados e todos os que não têm filhos estão isentos de dívidas? Obviamente, não. Não existem comportamentos tão rígidos assim. Inúmeros pais conseguem lidar de modo bastante adequado com o fato de trabalhar fora. Como? Não transformam isso em um peso, estabelecem limites claros para os filhos e não usam a *lei da compensação*.

A lei da compensação

A lei da compensação é uma velha conhecida dos seres humanos. São presentes, brindes ou prêmios que esperam receber, que ofertam a si mesmos ou que destinam aos outros. Ao ser utilizada a lei da compensação, garante-se uma troca. Algo se perde, mas há uma recompensa.

> Mereço comprar este relógio. mas é tão caro! Darei um jeito, afinal, trabalho tanto e só pago contas, não é justo. Pode embrulhar, levarei o relógio.

Esse exemplo retrata um diálogo travado internamente. Nem todas as dívidas são feitas por impulso ou compulsão, muitas são pensadas e, mesmo assim, realizadas. Por uma fração de segundo, assim como no exemplo acima, a pessoa percebe que poderia não realizar o gasto, mas acredita que está equilibrando algo e fazendo justiça. É como se utilizasse uma espécie de fórmula:

Trabalho muito = Posso gastar muito

A rigor, a pessoa não está errada. Todos são livres para gastar seus rendimentos da forma que consideram mais adequada. A questão é que, no próprio pensamento, aparece o equívoco. Note que, quando a pessoa assume que só paga contas, está admitindo para si mesma — às vezes sem perceber — que elas (as contas) consomem grande parte dos seus rendimentos. Ao comprar o relógio, nasce uma nova conta, fazendo com que a pessoa se mantenha presa ao pagamento futuro, o que a levará para uma próxima busca de compensação. É uma verdadeira roda-viva!

Se, por um lado, a compensação é uma espécie de pagamento, por outro é o próprio prejuízo. Se a compensação aprisiona o sujeito, ou seja, se o débito entra em cena, será realmente uma troca saudável? Conforme visto no exemplo anterior, a situação envolvia apenas uma pessoa. A recompensa, ou a dívida, ficava apenas no campo individual, mas o que acontece quando existem outros envolvidos? Retornando ao caso dos pais que julgam prejudicar, de alguma forma, os filhos por não passarem mais tempo com eles, quando finalmente existe a oportunidade de um tempo juntos, é bastante comum acontecer a seguinte situação:

Cenário: shopping center
Atores: pai, mãe, filho(s)
Peça: programa de domingo

Você já viu essa cena ou mesmo já atuou nesse enredo: aparentemente, nada há de errado nisso. O problema surge quando, nesse momento de lazer, os filhos pedem algo, algum objeto a ser consumido. Freqüentemente, os pais sabem discernir se é adequado ou não atender àquele pedido. No caso de perceberem que não deveriam ceder por não haver necessidade de consumo, lembram daquelas manhãs chuvosas e frias ou daqueles momentos perdidos e, para *equilibrar as coisas*, recompensam seus filhos. Esse é o triunfo da *lei da compensação*, lógica que é rapidamente aprendida pelos filhos.

Filhos devedores

A realidade atual tem convivido com uma geração de adolescentes e jovens com sérias dificuldades de planejamento. Da escolha do vestibular à aquisição de um celular novo, tudo parece ter o mesmo peso. Muitas dívidas são frutos de incertezas e inquietações.

> **Um filho pede um jogo novo para o videogame que ganhou. O pai promete dar, caso o filho se comprometa a passar de ano.**

Quando acontece uma situação como a descrita anteriormente, a criança tolera o curto tempo sem ter aquele objeto, porque já tem presente a promessa de satisfação. O pacto está feito, a angústia do pai e do filho está aplacada, o comércio está garantido, e a dívida instalada. Para alguns, apenas uma dívida simbólica; para a maioria, também uma dívida financeira. Sendo assim, o mercado promete a satisfação, e todos reproduzem a situação sem terem consciência desse mecanismo. Mas, em pouco tempo, a cobrança chega por meio das estatísticas.

> **Os brasileiros entre 18 e 24 anos contraem dívidas; 43% dos devedores que estão no SPC estão na faixa dos 21 aos 30 anos. E 71% dos jovens compram em 12 parcelas, contra apenas 17% que realizam compras em até 6 parcelas.**

Os jovens estão formando um verdadeiro exército de endividados; sem perspectivas futuras lidam com as finanças como se não houvesse o dia de amanhã. Nasceram e cresceram absorvidos pela sociedade de consumo. Deslumbrados pela facilidade do crédito e seduzidos pela possibilidade de não precisar adiar as vontades, eles são alvo fácil da mensagem contraditória que a dupla consumo e crédito transmite. O crédito, sendo uma antecipação de pagamento, transmite a seguinte lógica: gratificação primeiro (adquirir o que se quer) e disciplina depois (possível intensificação da jornada de trabalho). Dessa forma, o prazer vem antes, e as obrigações, depois. Ao mesmo tempo, o mundo do trabalho exige, primeiro, as obrigações e depois o prazer.

Contraditoriamente, o mercado, que tanto oferece campanhas para os jovens serem vorazes consumidores como para não esperarem o amanhã, depois vai cobrar deles uma postura equilibrada e um comportamento tolerante frente às necessidades profissionais. Naturalmente, esse não é o único motivo para que jovens e adultos se tornem devedores, mas não será em vão refletir sobre a influência que a cultura do endividamento está exercendo nos lares e nas mentes, conforme será demonstrado no capítulo a seguir.

CAPÍTULO 4

As principais influências da mente

Para que você consiga identificar o que interfere positiva ou negativamente em sua vida, é fundamental saber que a mente não obedece apenas àquilo que cada um quer. O *querer* consciente é apenas uma parte do funcionamento, e é a menor parte. A mente pode ser comparada a um iceberg, aquela parte que flutua sobre a água e que mostra toda sua magnitude é somente a *ponta do iceberg*. O que está submerso é o inconsciente, muito mais potente e grandioso. Assim como o iceberg, o psiquismo é um só, porém cada parte possui uma força independente e, na maioria das vezes, contrária.

> **O que cada um pode fazer no seu dia-a-dia? Como é possível reconhecer aquilo que pode atrapalhar?**

Em se tratando de funcionamento mental, todo cuidado é pouco. Alguém querer e lutar por algo não significa que todas as forças estejam realmente canalizadas para o fim proposto. Por exemplo, quantas vezes você já ouviu alguém dizer que ia parar de fumar, ou que iria começar o regime na segunda-feira? Certamente, quando a pessoa fala, ela conscientemente quer isso! Mas a mente possui uma parte submersa que pode estar agindo no sentido contrário, por mais absurdo que pareça. Não está convencido? Então por que as pessoas, após passarem por profundos sofrimentos e jurarem não mais repetir a dose, logo em seguida se entregam à mesma situação de desconforto? Basta você fazer uma reflexão para perceber quantas *intenções verdadeiras* são abandonadas ao longo da vida. Neste capítulo, serão listadas algumas das principais influências da mente que interferem nas decisões, sobretudo no que diz respeito às decisões financeiras equivocadas, ou seja, aquelas que levam ao endividamento.

A angústia

A angústia sufoca! Embora cada sujeito consiga suportar de modo diferente, é fato que ela oprime alguns, paralisa outros e serve como foco de desespero para muitos. A angústia pode ser comparada à água: muda de forma dependendo do recipiente em que ela está. Os problemas surgem quando é confundida com o recipiente. Em geral, uma pessoa angustiada não consegue entender o que causa aquela sensação ruim, aquele aperto no peito. É absolutamente esperado que, ao sentir isso, tente traduzir, quer dizer, busque compreender o que está acontecendo. E, quando encontra um provável motivo para sua angústia, sente um alívio imediato.

> **Após se sentir sufocada, uma pessoa poderá interpretar que seu mal-estar é em função de não possuir algum objeto, por exemplo, um computador. Localizada a causa da angústia, qual será o próximo passo? Certamente a busca por esse suposto objeto – causa de desejo. Após comprar o computador, parcelado em 24 vezes, a pessoa se tranqüiliza. Problema resolvido? Claro que não! Mas por quê?**

Porque o ponto em que a angústia emerge não pode ser resolvido com algum objeto concreto. A angústia possui uma função: é como uma mola propulsora que alavanca o sujeito em busca de algo. O problema é acreditar que esse *algo* pode ser comprado. Para aqueles que duvidam desse processo, basta fazer uma observação do tempo em que alguém se mantém tranqüilo após efetuar alguma compra. Certamente, será um tempo infinitamente menor do que aquele que levará para quitar a dívida. Quando a angústia retornar, além de lidar novamente com ela, será necessário lidar também com mais uma dívida. A solução seria não comprar nada? Obviamente, essa não é a solução. Essas reflexões não são nenhuma apologia contra o comércio, o que seria uma atitude pouco sensata. O ato de comprar é prazeroso e contribui muito para a melhoria da qualidade de vida, apenas não é solução de vida.

> **Comprar é uma arte que pode ser apreciada. Mas pode se transformar em um veneno, se for tomado como remédio contra a insatisfação, depressão, baixa estima e angústia.**

A angústia não pode ser aplacada pelo episódio de o sujeito comprar algo, ao menos não como solução mais duradoura. Lembre-se: a angústia poderá retornar muito antes da dívida acabar.

> De acordo com a Pesquisa de Endividamento e Inadimplência do Consumidor (PEIC), para 43% dos endividados o prazo para a quitação das dívidas é de 3 a 12 meses; para 38%, o prazo ultrapassa 1 ano.

Estar angustiado é como ser um equilibrista na corda bamba de um circo, a vários metros de altura, sem rede de proteção. A angústia em si não é algo ruim, ao contrário, é um motor que aciona o desejo. É na tradução, na interpretação que o sujeito faz da angústia que nascem os problemas, principalmente quando essa versão é sempre a mesma: comprar.

> Vou comprar porque preciso de alguma novidade.

No exemplo acima, sequer existe a formulação de algo concreto. A pessoa está buscando uma abstração: a novidade. Assim, muitas pessoas entram em algum estabelecimento comercial sem saber exatamente o que querem. O vendedor está acostumado com situações semelhantes e, dependendo de sua habilidade, transforma-se no tradutor do desejo da pessoa que busca a novidade. Aparentemente, ávida pela novidade e angustiada, a pessoa não lembrará de fazer contas. Mesmo que lembre, no momento da angústia irá optar pela compra, por estar motivada pela certeza de que a angústia será aplacada.

Alguém angustiado tem mais chance de contrair dívidas quando comparado com uma pessoa mais tranqüila. Mas os problemas não seriam resolvidos se, como em um passe de mágica, o comércio fosse banido. A economia de uma nação se faz em boa parte pelo comércio, que alimenta indústrias, empregos e governo. Portanto, o consumo, quando controlado, é benéfico para todos. Porém, enquanto a solução da angústia for buscada no consumo desenfreado, a pessoa poderá estar submetida a um imperativo da mente – um processo inconsciente e desconhecido conscientemente. Mas então, o que seria adequado? Analisar, refletir sobre a verdadeira causa da angústia, sobre o que realmente está faltando e para onde uma aquisição de bens e serviços pode levar a pessoa.

O status

Partindo do princípio de que é a posição que se ocupa na sociedade, o status também representa o valor de uma pessoa aos olhos de outra. Assim, o status e o sucesso andam muito próximos, e isso pode explicar a busca tão frenética por uma posição considerada mais elevada socialmente. Entretanto, cada segmento da sociedade possui valores e padrões distintos de sucesso. Por exemplo, uma pessoa que tatuou 90% do corpo possui um status elevado entre os adeptos da tatuagem como estilo de vida. A mesma pessoa, em uma comunidade religiosa, ou mais tradicional, será provavelmente discriminada e não terá prestígio algum.

> **Quais são os indicadores de status elevado em nossa sociedade?**

Em algum grau, todos são influenciados pelos medidores de sucesso da comunidade na qual estão inseridos. O mais adequado seria que cada um se deixasse influenciar o suficiente para participar dos grupos em que convive, mas que conseguisse, acima de tudo, preservar sua individualidade. De um modo geral, não é o que tem acontecido. Uma das principais causas do endividamento é a aquisição de bens e serviços que, supostamente, elevam o status da pessoa.

GLOSSÁRIO

Status u ar ou posi ão, de acordo com o ul amento coleti o ou consenso de opinião do rupo, que a pessoa ocupa na estrutura social ortanto, o status é a posi ão em fun ão dos alores sociais correntes na sociedade ode ser atribu do ou adquiri do tatus atribu do independe da capacidade do indi duo é atribu do a este mesmo contra sua ontade, em irtude do seu nascimento tatus adquirido depende do es for o e do aperfei oamento pessoal or mais r ida que se a a estratifica ão de uma sociedade e os numerosos status atribu dos, h sempre a possibilidade de o indi duo alterar seu status por meio de habilidade, conhecimento e capacidade pessoal

A grife, por exemplo, é um dos indicadores de sucesso, ou seja, é um marketing pessoal que *diz algo sobre a pessoa*. As marcas, as grifes utilizadas por alguém servem como uma espécie de cartão de visita e determinarão em grande parte o relacionamento social, profissional e, infelizmente, amoroso em muitos casos.

> No estacionamento de um restaurante, chegam dois automóveis ao mesmo tempo, um carro popular e uma Mercedes; a qual dará preferência o manobrista?

Possivelmente, a primeira reação será mais favorável ao condutor da Mercedes. Se você acha que o manobrista é interesseiro por pensar assim, está certo e errado ao mesmo tempo. Há um interesse maior por algo que, de algum modo, pode beneficiar a pessoa. Mas o manobrista não está sozinho nessa preferência, o capitalismo está organizado em torno do sucesso; nesse sentido, é *natural* todos ficarem voltados para quem supostamente *chega lá*. Tal preferência pode ser entendida não apenas como um interesse pejorativo, mas também como uma identificação, ou seja, como uma forma de assimilação daquele êxito. Os problemas surgem quando a busca por status ultrapassa alguns limites.

O status e o consumo

A busca por um status muito elevado pode levar ao consumo desenfreado e, certamente, ao endividamento. Muitas pessoas acreditam que o dinheiro, a fama e os bens garantem a tão sonhada felicidade e conquistam o amor dos outros. Obviamente isso não é regra geral, mas é igualmente certo que, para a maioria, esse processo é inconsciente, ou seja, é algo que, embora exerça uma grande força, passa despercebido. É assim que as pessoas dedicam grande parte da sua vida para conquistar coisas que supõem trazer felicidade e amor. Sobre esse tema, existem diversos livros e teorias tentando explicar o desejo de status.[1] Se

---

[1] "Desejo de status" é uma expressão utilizada pelo filósofo Alain de Botton, que escreveu um livro de mesmo nome.

por um lado o desejo por status pode estimular cada um a desenvolver e mostrar seu talento, por outro pode ser uma fonte de prejuízos.

> **Você é um kamikaze do consumo?**

O desejo por status pode ser considerado, no seu extremo, uma *doença moderna e coletiva*. Isso ocorre quando a falta ou a escassez de bens materiais representa um autodesprezo e uma prova de inferioridade. Para combater tal sensação, algumas pessoas se lançam no mercado como verdadeiros kamikazes do consumo. Os kamikazes do consumo adquirem produtos, marcas e objetos que podem diminuir a angústia e o desprestígio social que sentem. Por exemplo, a vendedora que trabalha na loja de marcas famosas e atende a um público economicamente mais elevado pode se sentir inferior, do ponto de vista do status social. Para diminuir esse desconforto afetivo, ela passa a usar as roupas que a loja vende, identificando-se assim com aquela camada que representa um status social superior. Possivelmente, a vendedora ficará aliviada, mas apenas por algum tempo. É um processo ilusório, pois a roupa de marca não é o pertencimento a uma classe com posses, é simplesmente a aparência. Para que a sensação volte, é necessário comprar novamente algum objeto que alimente a ilusão de pertencimento, e nesse caminho o endividamento é inevitável.

> **O preço para manter um status elevado é escravizante para a maioria das pessoas!**

Obviamente, para aqueles que possuem independência financeira isso não é problema, mas para quem considera que o uso de determi-

> **GLOSSÁRIO**
> **Kamikaze** ilotos aponeses treinados para reali ar ataques suicidas durante a e unda uerra Mundial s ami a es condu iam os a i es a um choque direto e de astador contra al os inimi os Atualmente essa e pressão é utili ada para se re ferir a situa es que en ol em certe a ou risco de autodestrui ão por parte daquele que a e esse caso espec fico, o ami a e é aquele que i nora a pr pria se uran a ou o bem estar e adquire bens e ser i os que representam um rau ele ado de endi idamento

nados bens e serviços é garantia de aceitação e valorização, o consumo acaba se transformando em uma verdadeira punição financeira e afetiva.

O status e a auto-estima

> **Faltando 30 minutos para terminar o segundo tempo da partida, o técnico faz uma substituição. O reserva entra, toca poucas vezes na bola e não faz nenhuma boa jogada.**

Pesquisas mostram que a auto-estima é considerada uma das variáveis mais importantes para o desempenho de um atleta e que há uma diferença significativa entre os titulares e os reservas. Os titulares apresentam uma auto-estima mais elevada do que os reservas. Certamente, isso não acontece com todos, mas com muitos. O status de ser titular ajuda a fortalecer a imagem que o atleta possui de si. Conseqüentemente, seu desempenho será melhor. Um reserva entra na partida com a missão de *ter de provar* que merece aquele lugar. Em vez de apenas estar concentrado no jogo, carrega consigo uma pressão afetiva extra. Ele tem uma espécie de *débito* com o treinador que afiançou sua entrada e com a torcida, que precisa apostar no seu talento.

Sendo assim, a auto-estima está diretamente ligada ao status que uma pessoa tem ou que gostaria de ter. Um indivíduo pode querer ter um status que não tem, e conseqüentemente terá baixa estima por si mesmo. Certamente, nas relações pessoais e profissionais que vier a estabelecer, se comportará de modo depreciativo, e assim obterá dos outros uma resposta igualmente pejorativa. O sujeito cria um enredamento do qual não consegue sair. Em meio a isso surge, como uma possível saída, a busca de bens e serviços que possam elevar a estima.

> **Se o indivíduo se considera feio e tem baixa estima, por exemplo, por ser muito enrugado, a cirurgia plástica pode ser a solução. A auto-estima aumenta após uma intervenção cirúrgica, além de contribuir para o status de ficar ou parecer mais jovem.**

Essa sensação fica registrada na mente e, no primeiro sinal de queda na estima, o indivíduo irá recorrer para a mesma solução, ou seja, irá buscar na aquisição de algo a resolução dos problemas. Quando essa saída se tornar natural e a única possível, o caminho para o endividamento estará aberto. Preso à idéia de que a solução está fora e não dentro de si, algumas pessoas passam a adquirir bens e serviços, mesmo sem ter condições, porque estão motivadas pela necessidade de resgatar a auto-estima. Em função disso, é comum encontrar pessoas inteligentes se endividando de modo irracional. Elas não estão adquirindo produtos, estão em busca da auto-estima perdida. Certamente não encontrarão, mas quando perceberem isso o endividamento já estará instalado. Essa não é uma regra geral, mas considerando que o status está relacionado com a forma como alguém é visto pelos outros, não é demais afirmar que a auto-estima fica alienada ao reconhecimento externo, e quando esse reconhecimento não chega, em seu lugar aparece o ressentimento.

O ressentimento e o endividado

Embora pouco reconhecido, o ressentimento interfere fortemente nas relações pessoais, profissionais e financeiras. O ressentimento está ligado a uma falta que sempre é interpretada como prejuízo. O ressentido é alguém que não consegue esquecer ou perdoar e acaba ficando em um *auto-envenenamento psicológico*.

O ressentido se vê como vítima, não se reconhece como vingativo e culpa alguém por isso tudo. Pense bem: Quantas pessoas ressentidas você pode ter ao seu redor neste exato momento? Quando o ressentimento chega na esfera financeira, o endividamento se trans-

> **GLOSSÁRIO**
> **Ressentimento** Al uém ressentido atribui a responsabilidade pelo que o fa sofrer a um outro, ou se a, essa outra pessoa le a a culpa pelo sofrimento, pelo fracasso e undo a psicanalista Maria ita ehl, a decep ão com as promessas não cumpridas não pre disp e a ão ao contr rio, cria uma forma de rea ão amar a e estéril, carre ada de dese os de in an a

forma numa espécie de vingança. O endividado ressentido abre mão de transformar sua vida financeira e espera que alguém faça isso por ele: um parente ou um chefe cordial que lhe antecipe salário, algum companheiro amoroso que o escore ou algum amigo que lhe diga o que fazer. Se, em um primeiro momento, essa parece ser a solução ideal, posteriormente isso reproduz uma situação de submissão, incapacidade e fracasso. O ressentimento é o lado oposto da ação. Enquanto a pessoa está ressentida, não age. No caso de um endividado, não consegue sair da situação de endividamento.

> **Convivendo há anos sem maiores problemas, chega o dia em que um cunhado pede o crediário emprestado a outro. Mesmo desconfiado e temeroso, aquele que recebeu o pedido empresta o crédito. Meses depois recebe uma carta do SPC, comunicando que está com o nome "sujo" na praça. Embora possua o dinheiro para quitar a dívida que está em seu nome, decide deixar de falar com o cunhado até que ele pague.**

Aquele que emprestou o crédito pode ser considerado um *endividado passivo*, pois endividou-se contra sua vontade. Naturalmente, sente-se prejudicado, mas ao se recusar a quitar a dívida que está em seu nome, mesmo tendo condições para tal, se manterá numa condição não apenas de endividado, mas também de vitimado. Isso fará com que se ressinta, culpe o cunhado e, ao mesmo tempo, fique paralisado nessa situação. É como se alimentasse e não quisesse romper essa condição.

> **O que ganha uma pessoa que pode quitar uma dívida feita em seu nome e não o faz?**

Ela mantém, às vezes por anos, uma situação em que a vingança fica sempre à espreita. O fato é que nunca se vinga, ou seja, continua convivendo com o cunhado, por exemplo, provavelmente falando mal dele, sentindo-se vítima, mas não rompendo a situação. Por que isso acontece? Porque é a forma que possui de continuar se queixando, é uma espécie de ganho, um ganho secundário.

Por mais inusitado que pareça, não é difícil encontrar situações em que um indivíduo pode deixar de se vitimar, mas não o faz. No terreno financeiro, isso é muito comum. Um *endividado ativo*, ou seja, aquele que constantemente está envolvido com dívidas, geralmente tem alguma queixa contra alguém, para justificar as dívidas intermináveis. E, muitas vezes, o que realmente está imperando é uma imensa sensação de inveja.

A inveja

A inveja tem uma relação direta com o status, a auto-imagem e o desejo.

> **Ambos chegam ao clube em carros importados. Lembram da última temporada em suas propriedades em St. Moritz ou Klosters, fumam longos charutos cubanos e, ao se despedirem, um arruma a gravata do outro. Aproveitam a gentileza mútua para poder conferir qual a marca da gravata que o amigo está usando.**

As marcas são como os antigos brasões, são as insígnias que revelam o poder das pessoas e viraram alvo de inveja em determinados grupos. A inveja nasce quando uma pessoa vê alguém, considerado seu semelhante, possuir algo que acredita ser de seu merecimento. Por vezes, surge nesse instante o desejo. Mas, afinal, qual é o pro-

---

GLOSSÁRIO

Ganho secundário   bten ão de um certo anho é chamado secund rio por ser a solu ão mais c moda para o aparelho ps quico, ou se a, o aparelho ps quico encontra a sa da mais f cil para al um conflito, mas não a *melhor saída* ortanto, é um anho fr il e ainda é uma atitude inconsciente   or isso, é muitas e es incompreens el para quem obser a ou até para o pr prio su eito

Desejo   dese o, ho e em dia, se mantém mais pela in e a do que por refer ncia a um suporte ideal É or ani ado por uma falta simb lica, mas esta, que se instala com o se melhante, é apenas ima in ria

blema? O obstáculo é justamente que o desejo deveria nascer de uma falta simbólica para o sujeito, e não simplesmente de um *querer apressado*, criado a partir de uma relação de inveja.

> **Agricultores de uma rica comunidade, ao serem interpelados sobre o segredo do crescimento da região, respondem sem nenhum constrangimento: é a inveja. A grande motivação é ver o vizinho com um trator novo e trabalhar arduamente, para comprar um melhor que o dele.**

A inveja provoca movimento, existem algumas classificações para ela; entre outras, a boa e a má. A boa inveja seria aquela que faz a pessoa buscar conquistar o objeto-alvo da inveja. A ruim seria aquela destrutiva, em que a pessoa, em vez de construir algo para si, tenta destruir aquilo que é do outro. Não se trata de julgar a inveja, mas de compreender quais são as conseqüências e a relação com o endividamento. A inveja aparece na comparação com aqueles que são considerados iguais. É como se houvesse uma tentativa de anular as diferenças, não apenas as diferenças sociais – oportunidades, rendimentos e colocações –, mas as particularidades que tornam as pessoas diferentes umas das outras.

> **Caso todos tivessem exatamente as mesmas coisas, qual seria a diferença entre uma pessoa e outra? A relação que se constrói em torno da presença ou ausência, ou seja, de ter ou não determinados objetos, influencia na subjetividade de cada um.**

Não parece ser uma boa idéia deixar de respeitar as diferenças. A igualdade como direito é importante, mas as ações e as escolhas necessitam de terreno propício para existirem e se expandirem. Caso contrário, não haverá apenas o consumo de produtos em massa, mas possivelmente uma *liquidação de pessoas*, e num lance de arremate final, todos serão *vendidos e/ou comprados em balaios*. Assim como não é possível erradicar a inveja, tampouco é viável extinguir as diferenças. O desafio é tolerar e aceitar que algumas diferenças são naturais no processo vital. Uma criança é diferente de um idoso, um homem é diferente de uma mulher, as diferenças estão aí para serem apreciadas. Sabedoria é, antes de tudo, conviver e usufruir delas!

Por que as diferenças são intoleráveis?

Antigamente, os indivíduos aceitavam com mais facilidade as desigualdades, principalmente porque eram consideradas naturais. Era da natureza divina e da constituição da vida que as camadas sociais fossem predeterminadas e imutáveis. A partir do século XVIII, a mentalidade, as políticas e as alterações ocorridas tiveram por conseqüência o pressuposto de que todos seriam iguais e teriam oportunidades semelhantes. Atualmente, é paradoxal pensar que haja um lado ruim na conquista de condições mais igualitárias, mas de fato existe o outro lado da moeda. Independente de ser justo ou injusto, bom ou ruim, cabe aqui ressaltar que, com a expansão da idéia de igualdade, a inveja também foi crescendo.

> **Aquele servo, que via seu senhor como uma autoridade inquestionável e com plenos direitos, foi lentamente sendo substituído por aquele operário que vê com ressentimento e inveja seu gerente chegando com um carro novo e conversando com o dono da fábrica.**

Não significa que a submissão era melhor que a liberdade. Na verdade, quer dizer que, ao longo do tempo, foi criada a idéia de igualdade. Tal concepção é muito disseminada e vendida pelos meios de comunicação, principalmente pelas instituições financeiras e de crédito, com todos os seus *atraentes* e *invejáveis* produtos.

> **Quem não tem ou não quer ter um cartão de crédito, um bom limite de cheque especial, para justamente se sentir especial? É ultrajante ser barrado por falta de crédito, é uma afronta à honra! E por que não seria? Afinal, querer não é poder?**

A partir do exemplo citado anteriormente, é possível chegar ao ponto-chave dessa articulação. Pense em quantos anúncios de crédito facilitado vêm com as seguintes mensagens: Querer é poder, Você é especial ou Você pode! Naturalmente, essa noção de que todos podem tudo é ilusória e leva milhares de pessoas ao endividamento.

> **Muitos acabam se condenando intimamente por não quererem algo. É considerado quase um sacrilégio, por exemplo, não possuir um celular na era da sagrada comunicação móvel! É como se os comerciais ditassem aquilo que todos querem, precisam e, principalmente, invejam. E para a inveja acabar, a norma ditada é comprar isso e aquilo.**

Muitas pessoas conseguem ficar fora dessa teia, mas outras tantas são capturadas e, sem perceberem, entram no jogo, pagando um cacife alto demais. A rigor, não há problema em apostar, a não ser quando a aposta compromete a saúde afetiva e financeira, como é o caso daqueles que contraem dívidas motivados pela inveja não apenas de objetos, mas também do lugar que o outro ocupa. Movidos pela busca desenfreada daquilo que vêem no semelhante, ficam impedidos de validar o lugar que lhes cabe no mundo e de reconhecer quando podem ficar verdadeiramente satisfeitos.

GLOSSÁRIO

Cacife uantia total depositada por o adores quando dese am participar de um o o, considerando que bancar uma condi ão, um status que não cabe no or amento de al uém, não dei a de ser um o o Assim como em um o o de a ar, são feitas apostas, e a possibilidade de perda é maior que de anho Essa é a teia de um endi idado em e de or ar, aposta para conse uir pa ar suas d idas ainda que nunca tenha sentado em uma mesa de o o, não dei a de ser um apostador

Satisfação, frustração
e endividamento

O mercado há algum tempo deixou de vender produtos de necessidade e passou a prometer objetos de satisfação. Por exemplo, ao comprar um carro a necessidade de locomoção está garantida, mas ao comprar um Audi ou uma Ferrari, parece estar garantida a imagem de sucesso, de status, de bom gosto e de poder. Antigamente, as pessoas conseguiam conviver com uma boa dose de insatisfação. Atualmente, a insatisfação aparece como uma espécie de acidente, algo passageiro. Houve uma troca da aceitação da insatisfação e da impossibilidade pela certeza da satisfação plena. Isso tem um preço e a maioria se dispõe a pagar sem questionar e sem perceber que, em vez de satisfação, trata-se de uma *escravidão* da atualidade.

Ter ou não ter, eis a questão?

Esse trocadilho representa um dilema enfrentado diariamente. Se, para Hamlet,[2] a questão que se colocava era ser ou não ser, parece que a humanidade empobreceu e banalizou sua própria essência. A satisfação e a insatisfação parecem estar resumidas a *ter* ou *não ter* os quesitos ditados pelo grupo com o qual se convive. As reflexões sobre os valores filosóficos são continuamente substituídas pelos valores monetários. Se ninguém vive de maneira confortável apenas pela filosofia, tampouco poderá viver bem somente de cifras ou de contabilizações de posses.

---

[2] Célebre personagem literário de Shakespeare.

GLOSSÁRIO

Frustração Estado de um su eito que se considera incapa de obter o ob eto de sa tisfa ão que alme a ão se pode pensar apenas em ob etos reais, mas também simb licos

> Uma pessoa se sente frustrada ao desejar algo que não é obtido. Em função disso, tem a sensação de um dano e poderá reivindicar algo. Uma criança, por exemplo, ao ver seu colega de escola com o boneco inspirado no personagem do último desenho da moda, pede um igual aos pais. Caso ouça "não" como resposta, mostrará instantaneamente sua intolerância à frustração, sentir-se-á prejudicada e reivindicará tal objeto.

Esse é um exemplo clássico, vivenciado pelos pais ou presenciado em qualquer loja ou supermercado. Essa criança se coloca, ao mesmo tempo, em uma posição de desejo e de recusa: quer o objeto e não aceita sua ausência. É como se a satisfação não pudesse ser recusada e tivesse de ser prontamente atendida. Caso os pais sempre atendam a esse tipo de pedido, como ficará a relação com a falta? Quer dizer, como a criança irá encarar situações mais adiante na vida, quando for frustrada ou privada de algo?

> Você tem tudo e nunca está satisfeito!

Para quantas pessoas você diria essa frase? Constantemente, pessoas que entram em quadros depressivos são literalmente julgadas como insatisfeitas e mal-agradecidas. Quanto melhor for a condição financeira, maior será o grau de inadmissão para a tristeza ou para a frustração que porventura alguém possa sentir. Esse é apenas um dos retratos que a sociedade exibe e que espelha o quanto os bens materiais assumem uma importância maior do que realmente possuem. Além do mais, ninguém tem tudo. Por mais posses financeiras que alguém disponha, é impossível ter tudo. Tudo pressupõe inteligência, amor, tranqüilidade, segurança, bens, beleza, prestígio, status e respeito ao tempo, durante toda a vida. É possível alguém ter tudo isso o tempo todo? Embora o comportamento social aponte para a possibilidade de ter ou ser tudo o que se quer, a sensatez ainda habita muitas mentes, o que significa que existe espaço para a insatisfação. Mesmo assim, os impasses são constantes.

> Uma pessoa se reconhece e é reconhecida por suas realizações. As aquisições estão entre essas realizações; portanto, o consumo é necessário. Mas é importante estar atento ao fato de que muitas pessoas se sentem aceitas somente como consumidoras, como representantes da última moda, como proprietárias disso ou daquilo!

Nesse sentido, ocorre uma séria inversão. Em muitos casos, possuir objetos não representa mais somente satisfação, mas vira uma potência. Algumas pessoas irão ver na capacidade de adquirir objetos sua influência e seu poder. Quais são as conseqüências desse processo? Uma vez que a satisfação está mais canalizada para o consumo, esse processo desemboca diretamente na questão financeira. Quando a insatisfação é muito acentuada e o consumo é muito intenso, poderá ocorrer a seguinte situação:

Necessidade de satisfação elevada

baixa tolerância à frustração

endividamento

Obviamente, a fórmula acima não pode ser utilizada para todos. Muitas pessoas conseguem ter uma leitura crítica da situação e evitam a cultura do endividamento. Por outro lado, muitos adultos, jovens, idosos e até crianças têm entrado nesse ciclo, sem encontrar dispositivos suficientes para romper com o encarceramento do reino das dívidas. Mas nem todos estão endividados. Dados apontam que 30% dos compradores estão endividados. Isso significa que duas em cada três pessoas estão com as finanças em ordem; logicamente, não é um número que se deva comemorar, entretanto ainda há possibilidade de se reverter esse quadro. Confira no capítulo a seguir qual é o perfil de um endividado.

CAPÍTULO 5
O perfil do endividado

Este capítulo servirá de baliza para aqueles que nutrem algum interesse sobre o universo do endividamento. Longe de ser um entendimento fechado, expõe conceitos que circulam entre o mundo racional e o subjetivo, com a intenção de compreender um pouco mais o perfil do endividado.

A necessidade do bolso vazio

Algumas pessoas simplesmente não suportam, não conseguem ter dinheiro nas mãos, de um modo ou de outro se livram, gastam tudo até o bolso ficar, literalmente, vazio. Embora cause estranheza, *a necessidade do bolso vazio* é uma realidade vivida por milhares de pessoas. Não é o simples fato de não ganhar dinheiro, mas o de não conseguir reter, manter ou aumentar os rendimentos. Em todas as classes sociais essa situação pode ser encontrada.

> **Bolso vazio não é o mesmo que nada! Se você pensa que, quando seu bolso está vazio, você está sem nada, saiba que este é um pensamento ilusório. Quando o bolso está vazio, a gaveta e a mente estão cheias. Contas e preocupações são a contrapartida dos gastos financeiros sem controle. Assim, não é mais possível acreditar que a má sorte, o destino ou qualquer outra abstração exterior sejam responsáveis por suas finanças.**

Considerando que cada um escolhe a forma como investe ou gasta seu dinheiro, o *bolso vazio* possui duas grandes influências: má gestão financeira e necessidade de livrar-se do dinheiro. Se, por um lado, não ter dinheiro é ruim, por outro, gera uma sensação de alívio.

> **A relação com o dinheiro é considerada estranha para muitas pessoas. Elas gastam até acabar tudo e ficam aliviadas apenas quando estão sem nenhum tostão.**

A frase acima é repetida milhares de vezes ao dia, consciente ou inconscientemente, porque o dinheiro causa angústia. Para alguns, pela falta, para outros, pelo excesso. Sendo o dinheiro uma fonte de satisfação e de angústia ao mesmo tempo, é um desafio lidar com essa contradição. Muitos não se sentem merecedores, sentem uma espécie de culpa por terem uma situação financeira mais confortável que familiares ou amigos. Acabam perdendo dinheiro como se impusessem a si um castigo.

Dificilmente alguém irá admitir que sente alívio ao não possuir dinheiro. Esse é um processo que requer muita análise para ser reconhecido pelo sujeito. Grande parte dos *endividados ativos* e dos *sobreendividados* está submetida à *necessidade do bolso vazio*. Não se autorizam a possuir dinheiro e irão comprometer seus rendimentos, independentemente de quanto possam vir a ganhar. Dificilmente conseguirão se dar o direito de pertencer a um nível financeiro mais elevado. Isso não acontece apenas em relação às finanças. O objetivo deste capítulo é, pois, mostrar a articulação entre o endividamento e os motivadores psíquicos para contrair débitos. Além disso, socialmente existe um grande preconceito em relação ao dinheiro. Falar sobre esse assunto ainda é um grande tabu, principalmente se for para falar em ter mais dinheiro. As pessoas são mais solidárias com a falta de dinheiro do que com sua abundância. Toleram a carência e algumas sentem raiva da abundância. A raiva, o ressentimento e a culpa rondam sorrateiramente os corações e se alojam nos bolsos de muitas pessoas, principalmente dos endividados, que parecem carregar uma culpa difícil de ser eliminada.

GLOSSÁRIO

Castigo Comportamento de pessoas que buscam situa es penosas e humilhantes e se compra em com elas   su eito se pro be a satisfa ão ou se casti a quando uma satisfa ão é alcan ada Essa autopuni ão é muito mais inconsciente do que al o pro curado deliberadamente pelo su eito

Perfil do endividado

A seguir são retratados possíveis perfis das pessoas que apresentam dificuldades relacionadas à gestão financeira, em função de motivadores inconscientes, conforme foi sendo revelado ao longo dos capítulos anteriores. Por outro lado, não é pretensão esgotar todas as variações que as pessoas possam apresentar quando se trata de endividamento, apenas serão listadas as principais. São elas: o pagador de contas ou escravo; o endividado passivo; o endividado ativo e o sobre-endividado.

O pagador de contas ou escravo

> O rico domina os pobres, e o devedor é escravo de quem lhe empresta.

O provérbio bíblico aponta uma realidade que, embora ainda seja atual, vem sendo ditada há pelo menos dois mil anos. Um devedor acaba sendo escravizado por alguém; na verdade, *deixa-se escravizar*. A exceção fica por conta do *endividado passivo*. O rico referido no provérbio é uma metáfora para qualquer um que exerça domínio sobre alguém, podendo inclusive ser um rico, mas não necessariamente. Convém fazer uma distinção importante: a associação entre o pagador de contas e o escravo, feita no título deste item, não significa que aquele que paga suas contas seja escravo. Para que uma pessoa tenha uma vida digna é necessário que ela possa cumprir seus compromissos financeiros e, a partir daí, estar livre para investir e crescer. Mas existe aquela que considera conta todos os gastos que faz, inclusive os supérfluos. Estas são as que ficam numa posição de escravos.

> Privados da liberdade, estão submetidos à vontade do senhor – o mercado. Trabalham como serviçais, como se fossem criados de alguns estabelecimentos. São fiéis, retornam mês após mês, para depositar grande parte dos rendimentos.

Embora não possam ser considerados formalmente endividados, porque não estão em atraso com suas dívidas, eles não conseguem ter liberdade para investir, tirar férias ou trabalhar menos. Geralmente, são profissionais que trabalham muito e possuem bons rendimentos. Mesmo assim, dificilmente conseguem ter uma vida com qualidade. Eles mantêm e reproduzem, como uma espécie de filosofia de vida, a seguinte frase:

> Preciso ter uma prestação senão não consigo guardar dinheiro.

Essa crença estabelece a submissão aos carnês, conseqüentemente acabam transferindo a gestão e o controle financeiro para o banco, para a operadora de cartão de crédito ou para a loja, por meio dos descontos mensais. Cativos dos mitos que criaram a respeito de si, sentem dificuldade de mudar a imagem na qual estão presos, freqüentemente têm a seu favor a capacidade de gerar uma boa renda.

O endividado passivo

É aquele que se encontra numa situação de endividamento alheia à sua vontade, ou seja, por alguma circunstância adversa. As principais causas que levam ao endividamento passivo são: desemprego, acidente, morte, doença ou separação. O período em que uma pessoa é considerada devedora oscila de 1 a 3 meses, dependendo da instituição.

> Após a morte de alguém querido, muitas pessoas buscam suprir o vazio por meio de compras. Inconscientemente, tentam aliviar a dor andando de loja em loja. Nesse momento, surgem muitos dos endividados que, por dor, culpa ou castigo, se submetem a uma situação em que sofrerão duras conseqüências.

Esse é o típico momento em que surge um *endividado passivo*. É uma situação totalmente alheia à vontade do sujeito. Tão logo consiga se restabelecer do verdadeiro imprevisto, o endividamento é sanado. O *endividado passivo* tem a seu favor o tempo. Como em geral as dívidas foram contraídas em função de situações esporádicas, a tendência é o rompimento e a possibilidade de sair do ciclo das dívidas.

O endividado ativo

É considerado *endividado ativo* aquele indivíduo que constantemente contrai dívidas, ou seja, age deliberadamente para se colocar em situação de devedor. Diferentemente do *endividado passivo* que está numa situação devedora contrária à sua vontade, o endividado ativo, por uma razão ou por outra, não fica muito tempo afastado de alguma dívida.

> **Pesquisas divulgadas sobre o perfil do consumidor brasileiro apontam que 68,8% recebem até 5 salários mínimos e têm entre 20 e 50 anos, 39% são casados e 16% possuem curso superior.**

O perfil do consumidor revela uma população com um rendimento financeiro baixo. Muitos endividados ativos contraem dívidas para manter as necessidades básicas, primeiro dos filhos, depois deles mesmos. Considerando que um trabalhador receba um salário mínimo, são necessárias 96 horas de trabalho[1] para que possa comprar uma cesta básica. Dessa forma, ele precisa dedicar 54% do trabalho do mês para comprar apenas uma cesta básica. Segundo o Dieese, o salário mínimo precisaria ser quatro vezes maior que o atual para manter os itens básicos de um casal com dois filhos. Portanto, o salário baixo é um dos responsáveis pelo alarmante índice de 30% dos consumidores em situação de endividamento.

Até aqui foi descrita a situação em que poderia surgir um endividamento ativo justificado pelo baixo rendimento. Mas é fundamental considerar aquele indivíduo que dispõe de um bom rendimento e ainda assim se enquadra no perfil do endividado ativo.

---

[1]Fonte: Dieese; cálculo realizado em julho de 2006.

> Aquelas pessoas que não conseguem ficar sem contas, que se sentem aliviadas quando estão sem dinheiro, que precisam se presentear a toda hora ou que não toleram a espera para comprar alguma coisa; se ainda não estão, em breve estarão na lista dos endividados ativos.

Mais do que dificuldade matemática ou reflexiva, o *endividado ativo* se nega tanto a cuidar das finanças quanto a analisar o que o motiva para o endividamento constante. Por outro lado, tem a seu favor a persistência e o dinamismo que parece estar usando em prol do endividamento. Caso consiga se deslocar das dívidas e transferir essas qualidades para os investimentos, os benefícios serão imensos.

No capítulo anterior foram apresentadas as principais influências afetivas que colaboram para o processo de endividamento. Dependendo do momento, da configuração familiar e do contexto de vida, o sujeito conseguirá lidar com a angústia, sem ceder à necessidade de status ou, ao contrário, se entregará ao status como um aval para a auto-estima. Além disso, o ressentimento poderá servir de combustível para a inveja que, não tolerando qualquer insatisfação, tornará cativo, no caso, o endividado ativo. Mas a *carreira de devedor* poderá prosseguir, porque o *endividado ativo* é um forte candidato a se transformar em um *sobreendividado*.

O sobreendividado

É considerado *sobreendividado* aquele devedor de boa-fé que está impossibilitado de pagar suas dívidas de forma durável, ou seja, é o momento em que o indivíduo entra em falência. Geralmente, contraiu uma dívida para quitar outra e possui várias fontes de endividamento.

> O sobreendividado tomou uma overdose de dívida. Toda overdose não é nenhum acidente, é uma evolução natural. Quando alguém usa droga, pouco a pouco se acostuma com doses cada vez maiores. O mesmo ocorreu com uma pessoa que começou a se endividar: foi se habituando com dívidas cada vez maiores, até chegar ao sobreendividamento.

Um sobreendividado arrisca cada vez mais até chegar à falência; essa é a evolução natural do endividado ativo. Não significa que toda pessoa que contraia dívidas irá falir, assim como não é possível afirmar que qualquer um que ingira bebida alcoólica irá se tornar um alcoólatra. A atenção deve recair sobre a freqüência, ou seja, sobre aquela pessoa que começa a fazer uma dívida para pagar outra.

> Um pequeno empresário estava utilizando cheque especial para pagar suas contas pessoais. Há tempos, a empresa estava tendo prejuízos, mas ele não quis compartilhar com os filhos e a esposa a situação que enfrentava. Quando o limite do cheque estourou, o cartão de crédito começou a ser parcelado. Pouco depois, a saída foi procurar um "amigo" que emprestava dinheiro cobrando juros de 3% ao mês. Meses depois, a saída foi vender o único bem que eles possuíam para pagar parte das dívidas.

Alguns poderão pensar que é sorte ter um bem que possa ser vendido numa situação dessas. Não se pode negar que seja uma boa alternativa ter o que vender quando alguém está sobreendividado, mas esse fato não anula a realidade da falta de conhecimento financeiro. Hoje em dia, qualquer um tem à sua disposição uma série de possibilidades para aprimorar a forma como gere suas finanças. Dificuldade financeira não é raridade em nossa sociedade, mas os especialistas em finanças não se cansam de alertar que o padrão de vida deve ser constantemente redimensionado, evitando, assim, uma falência pessoal. Quando o endividamento se transforma em meio de financiar a sobrevivência dos lares, a conseqüência geralmente inevitável é o sobreendividamento. Logicamente, quando o endividamento ocorre em um contexto de crescimento econômico e garantia de emprego, é apenas uma antecipação de rendimentos. Mas quando atinge uma população com o perfil do brasileiro, as conseqüências podem ser desastrosas.

O sobreendividamento deixa de ser um problema social para se transformar em um problema jurídico, porque é o momento em que ocorre a autofalência. Instalada a falência pessoal, será inevitável o contato com o meio jurídico, com as cobranças e as ações judiciais, ou seja, os credores utilizarão todos os meios disponíveis. No Brasil, existem poucas, mas importantes, entidades que apóiam o sobreendividado. Entretanto, ainda ocorre uma discriminação muito grande e, em muitos casos, o devedor é tratado de forma preconceituosa. Subjugado, perde, além do crédito, a confiança e a auto-estima. Em função disso, é importante conhecer quais são os riscos objetivos e subjetivos que podem levar alguém tanto ao endividamento quanto ao sobreendividamento.

Riscos de endividamento e sobreendividamento

Os riscos de endividamento e sobreendividamento dependem de duas vertentes: fatores externos e internos. Os fatores externos compõem o cenário macroeconômico – ou seja, desemprego, inflação, políticas públicas –, que são difíceis de serem controlados. Já os fatores internos, considerados aqui microeconômicos, dependem do indivíduo por serem basicamente a forma como gerenciam as finanças, acrescido do que representam – subjetivamente – os bens e ser-

> **GLOSSÁRIO**
> **Credor** A que ou a quem se de e dinheiro ou outro alor   credor é considerado mere cedor e benefici rio e possui di ersas classifica es   ma das mais comuns é o credor hipotec rio, que tem o crédito arantido por hipoteca dos bens do de edor   ma das principais d idas contra das é para a aquisi ão da casa pr pria

viços adquiridos. Considerando o endividamento pessoal, a seguir são listadas algumas das principais causas do endividamento ativo e do sobreendividamento que levam com freqüência à inadimplência: endividamento imobiliário, endividamento com mais de uma fonte e o endividamento dos desfavorecidos.

Endividamento imobiliário: em geral, uma das principiais dívidas adquiridas é a imobiliária, ou seja, o crédito assumido para a habitação. Embora seja considerado de menor risco, qualquer intercorrência (desemprego, acidente, morte, divórcio, doença) poderá desestabilizar as finanças.

Endividamento com mais de uma fonte: é o acúmulo de dívidas além da habitação. Geralmente, são as dívidas advindas de fontes que não são de primeira necessidade. Às vezes, o endividamento se torna um meio de vida mediante empréstimos constantes, vales, adiantamento de salários, uso do cheque especial e parcelamento do cartão de crédito, entre outros. O risco de inadimplência e de sobreendividamento aumenta consideravelmente, e pelo fato de muitos indivíduos manterem o crédito, consideram-se *não endividados*.

Endividados desfavorecidos: os recursos financeiros são bastante limitados, a expectativa de elevação dos ganhos é reduzida e, além do rendimento estar todo comprometido, contam com extras como se fosse salário. Por exemplo, o décimo terceiro salário, a venda das férias, um suposto aumento salarial ou, nos casos mais extremos, os direitos trabalhistas com uma demissão. Uma mínima alteração leva à falência. O endividamento não é um privilégio do Brasil; a Europa e os Estados Unidos, por exemplo, também apresentam índices elevados de endividamento pessoal. Mas, em países em que a economia não cresce na mesma proporção que cresce o consumo, o risco de endividamento é extremamente alto. Além disso, pesa negativamente o fato de que é praticamente inexistente a educação financeira. Embora algumas iniciativas estejam sendo corajosamente tomadas, ainda há muito a fazer no Brasil.

> Um sobreendividado anda na contramão. Em vez de enquadrar seus gastos a partir de quanto ganha, ele gasta e depois faz dívidas para "bancar" um padrão que está além das suas posses.

Por que um indivíduo age assim? Por falta de informação e por questões afetivas. Além dos fatores objetivos listados anteriormente, existem os fatores subjetivos que foram sendo mostrados ao longo deste livro. Mesmo assim, cabe o alerta de que parte dos endividamentos e das falências pessoais decorre de insatisfações e tristezas profundas. Independente das motivações psíquicas, o endividamento causa estragos gigantescos nos aspectos material e afetivo. A maior parte dos endividados, seja homem ou mulher, sente culpa, vergonha, baixa estima ou sensação de impotência. Em função disso, é importante enfrentar as dificuldades para poder saná-las, e não simplesmente negar que possam estar submetidas à lógica do endividamento.

A negação do endividamento e do sobreendividamento

Aquele endividamento constantemente provocado pela pessoa, ou seja, o *endividamento ativo* e o *sobreendividamento* não são fáceis de ser admitidos como responsabilidade individual. Normalmente, ocorre uma negação das atitudes tomadas.

> Quem não tem dívida não cresce.

Realmente, a dívida pode ser um meio de crescimento para muitas pessoas, mas não é o caso daqueles que vivem cercados pelas dívidas. A equação é simples: se a pessoa contrai uma dívida para aumentar a renda e tem êxito no seu plano, ela obtete como resultado o crescimento financeiro. Mas se as dívidas são feitas para comprar

---

GLOSSÁRIO

Negação ecusa da percep ão de um fato que se imp e no mundo e terior

objetos que irão representar apenas satisfação momentânea, é importante ter um olhar mais criterioso sobre o que está acontecendo.

Impera na mente de um endividado a ilusão de que tudo está sob controle e de que conseguirá *se livrar dessa situação*. Assim como um dependente químico nega sua dependência, um endividado ativo se recusa a admitir sua dificuldade. Nas duas situações, é fundamental dar o primeiro passo. É possível comparar a forma de agir de um endividado ativo ou de um sobreendividado ao agir de um dependente alcoólico.[2] O álcool é apreciado por milhares de pessoas em ocasiões comemorativas sem causar nenhuma dependência. Infelizmente, não é assim para todos.

> **De um lado da cidade, o telefone toca, e é um amigo convidando outro para comemorar a promoção que recebeu no trabalho. O cardápio inclui boa comida, ótimos vinhos e a companhia de pessoas interessantes. Do outro da linha, com o coração acelerado, o futuro convidado responde que não poderá comparecer por ter um compromisso.**

O compromisso que o convidado tinha era o de *evitar o primeiro gole*. Após admitir seu alcoolismo, essa pessoa reconhece os limites que possui, não nega mais suas dificuldades e se protege. Momentaneamente impedido de se deparar com bebidas alcoólicas, optou pelo afastamento. O resultado positivo foi não mais negar seu problema e ter buscado uma solução. Um endividado passa pelo mesmo processo. Primeiramente, nega sua dificuldade, mas enquanto não conseguir admitir que tem sérios problemas causados por ele mesmo, não conseguirá romper o ciclo das dívidas. Por outro lado,

---

[2] A comparação foi feita com um dependente alcoólico apenas pelo fato de o álcool ser considerado uma droga lícita. Mas, como foi salientado, um endividado pode ser comparado a qualquer dependente; sua dependência está relacionada ao ato de comprar. O consumo por si não "vicia", assim como o álcool. Entretanto, é necessário admitir que existem pessoas com dificuldades de se relacionar com a bebida alcoólica, assim como há indivíduos com dificuldades de relacionamento tanto com o consumo quanto com o dinheiro. Para ambos existem solução e tratamentos adequados.

existe aquele que reconhece a dificuldade na relação com o dinheiro, mas mesmo assim não se sente apto ou com força suficiente para combater o problema. A solução existe, mas assim como ganhar dinheiro não é um processo automático, parar de perder também não é! Para romper com a cultura do endividamento é preciso dar o primeiro passo e *evitar o primeiro gasto*.

CAPÍTULO 6
Combatendo o endividamento

Para que o endividamento seja combatido de maneira eficaz, é fundamental que as escolhas financeiras sejam abordadas sob dois prismas: o aspecto racional e a interferência afetiva. Do ponto de vista racional, objetivo ou concreto, a dificuldade está concentrada na falta de conhecimento financeiro e, conseqüentemente, na má gestão dos rendimentos.[1] Quanto às interferências afetivas, o endividamento é um provável reflexo de insatisfações e sofrimentos, traduzidos pelo consumismo desenfreado, ou seja, por incessantes atos de compra. Sem a menor pretensão de responder, cabe um breve momento de análise da seguinte questão:

> **Por que as pessoas compram tanto?**

Independente do saldo bancário, do país, do sexo ou da idade, o ato de comprar incessantemente tem sido utilizado como uma forma para combater a angústia. A mente funciona como uma espécie de rede de pesca onde um nó está preso a outro, que está preso a um outro, e assim acabam formando uma cadeia. Os significados das ações das pessoas são como os nós que, presos uns aos outros, formam uma cadeia associativa. O consumo desenfreado está inserido nesse processo por intermédio da **repetição**, ou seja, o consumismo se mantém pelo ato reiterado da compra. O consumo desenfreado parece brincadeira de roda infantil. É uma ciranda em que a repetição do movimento devolve todos ao mesmo lugar, com exceção daqueles que saem da brincadeira machucados carregando o custo do endividamento.

---

[1] Embora algumas causas do endividamento e do sobreendividamento estejam relacionadas aos aspectos macroeconômicos, tenho como objetivo compartilhar reflexões sobre o que cada um pode fazer para combater e/ou evitar a cultura do endividamento.

> **GLOSSÁRIO**
> **Repetição** Insistência um encontro que não pode mais ser evitado, de algo insuportável para o sujeito

Por que algumas tentativas não funcionam?

Se você já começou a fazer uma planilha de gastos, um orçamento, e não conseguiu continuar; ou ainda, se já cortou o cartão de crédito e passou meses sem comprar nada e mesmo assim voltou ao endividamento, saiba que não está só. Diariamente milhares de pessoas enfrentam essa dificuldade.

> **Dizer não é fazer! Se você diz que quer investir, parar de gastar, mas não deixa de se endividar, há algo errado. Entre o discurso e a prática está entrando em ação o autoboicote. As pessoas dizem, por exemplo, que querem emagrecer, mas não param de comer, escondidas dos outros e de si próprias. Prometem que na segunda-feira irão para a academia, mas esse dia nunca chega. Juram para a família que vão largar o cigarro, mas acreditam no companheirismo que ele oferece; e se o corpo padece pelo vício, a mente sofre pela dependência. Assim, homens e mulheres sacaneam-se, culpam-se e permanecem presos ao sofrimento.**

Quando os endividados sofrem e genuinamente tentam romper com esse ciclo, por que não conseguem? Porque romper com a cultura do endividamento requer duas grandes ações. A primeira é mais racional e está ligada ao conhecimento: aprender ou aprimorar o saber sobre as finanças é fundamental.

> **Não quero ser economista ou administrador, quero apenas ter uma boa relação com o dinheiro.**

Se você se identificou com a frase anterior, há grande chance de aperfeiçoar seus conhecimentos. A educação financeira é importantíssima. Ninguém conseguirá ter equilíbrio financeiro se não souber algumas técnicas de economia. Atualmente existem diversos livros com linguagem clara e preço acessível, nos quais é possível obter informações sobre como fazer um orçamento, montar planilhas, fazer um fluxo de caixa etc. A coleção de que este livro faz parte traz bons exemplos. Além disso, a cultura popular e o ensinamento de *não gastar tudo o que se tem* são elementos que colaboram para manter uma boa saúde financeira.

A segunda grande ação para romper com o endividamento está ligada ao aspecto afetivo. Conscientemente, ninguém deseja ter algo ruim a seu redor. Conforme visto anteriormente,[2] a mente pode ser comparada a um iceberg, que esconde algo não visível. Embora submerso, o inconsciente atua quando as pessoas fazem suas escolhas. E se um sujeito, após sanar as deficiências de conhecimento financeiro, não conseguir abandonar as dívidas, é muito provável que alguma motivação inconsciente esteja levando-o ao endividamento. Esse é o fundamento do aspecto subjetivo relacionado ao modo de lidar com as finanças.

Portanto, algumas tentativas não funcionam em decorrência da falta de informações financeiras – aspecto objetivo – e por influência das motivações psíquicas – aspecto subjetivo. Ao combater ambos, a cultura do endividamento cederá lugar para bons investimentos financeiros e afetivos.

A importância da educação financeira

Educação financeira é uma necessidade, e por não se tratar apenas de formalidade teórica, o modo como cada um utiliza o próprio conhecimento financeiro pode ser comparado a um método. Inúmeras

---

[2]Conferir Capítulo 4.

> **GLOSSÁRIO**
> **Método** Do ponto de ista formal, é uma técnica ou modo de fa er al o de acordo com um plano É um procedimento l ico que re ula uma determinada ati idade Do ponto de ista ps quico, todas as pessoas utili am uma l ica para solucionar suas quest es, mas na maioria das e es esse processo é inconsciente

pessoas não sabem que possuem um sistema que organiza suas finanças. Quanto mais puderem reconhecer o método que aplicam, ou seja, quanto mais consciente for para cada um, maior será a chance de modificar ou aprimorar o procedimento utilizado. Todos possuem um método, ou seja, um conjunto de regras e princípios que regulam suas atitudes. Em relação às finanças, o método utilizado pode ser eficaz ou não. A seguir, será exemplificada uma situação com duas atitudes distintas:

SITUAÇÃO:
Recebimento do décimo terceiro salário.

ESCOLHA DO TRABALHADOR 1:
O Trabalhador 1, após receber seu décimo terceiro salário e refletir sobre o que faria, resolveu dar esse valor como entrada para financiar um carro. O carro, sonho de consumo de milhares de pessoas, era "desejado" há muito tempo. O trabalhador conseguiu um financiamento fixo em 36 vezes com juros de 2,49% ao mês e realizou sua compra.

Qual foi o método utilizado pelo Trabalhador 1? Do ponto de vista racional, ele calculou o valor da parcela, viu que cabia em seu orçamento e realizou um sonho. Embora tivesse sido alertado de que se adiasse a compra por algum tempo e guardasse a quantia total poderia conseguir um bom desconto, ele não aceitou esperar. Além disso, provavelmente ele não contabilizou o custo do IPVA, do seguro obrigatório, do seguro contra roubos e acidentes, da gasolina, da garagem, dos estacionamentos, da manutenção, da lavagem ou dos imprevistos.

Visão = prestação cabe no orçamento
Método = lógica do endividamento

ESCOLHA DO TRABALHADOR 2:
O Trabalhador 2, após receber seu décimo terceiro salário, ficou em dúvida. Sempre quis ter um carro, precisava de várias coisas, mas estava inquieto. Lembrava do que havia escutado sobre investimen-

tos, mas sentia um certo acanhamento em pensar sobre o assunto. Julgava muito pequena a quantia de que dispunha. Mesmo assim, agiu conforme concebeu ser seu primeiro passo: abriu uma poupança com quase todo o valor recebido, e retirou apenas o suficiente para comprar um livro sobre investimentos.

Qual foi o método utilizado pelo Trabalhador 2? Racionalmente abriu mão de alguns sonhos e trocou um gasto por um investimento. Muito embora não tivesse muita segurança sobre o que fazer, ele deu alguns passos: escolheu fugir do endividamento, optou pelo ato de poupar e buscou adquirir mais conhecimento.

Visão = possibilidade de poupar
Método = lógica do investimento

A importância da informação é inquestionável. É uma condição necessária no combate aos maus-tratos do dinheiro. Mas, embora necessária, não é suficiente, porque o problema de uma pessoa que não consegue investir – por estar constantemente endividada – não é a simples falta de informação, a exemplo daqueles que não conseguem deixar de fumar, beber ou se drogar. Para que efetivamente possa haver uma mudança, é preciso tratar o aspecto subjetivo da questão.

A subjetividade diferencia as escolhas

Utilizando os exemplos do item anterior é possível evidenciar a influência do aspecto subjetivo e oferecer elementos que auxiliem no afastamento do mundo das dívidas. No caso do Trabalhador 1, o que fundamentou, objetivamente, a escolha foi a dedução consciente da possibilidade de pagamento da prestação do automóvel. É uma visão restrita – míope –, pois considera a situação parcialmente. Para saber exatamente o custo do automóvel é preciso somar o total das prestações, a entrada e o valor aproximado do veículo na época da quitação. Além disso, é preciso considerar todos os custos adicionais regulares de um automóvel.

> **Muitas pessoas consideram chato fazer esse tipo de cálculo. Mas não consideram chato perder dinheiro! Por quê?**

Porque toda escolha financeira possui uma vontade consciente e uma motivação inconsciente. A grande maioria quer um veículo que torne a vida mais cômoda e que ofereça uma liberdade de ação. Esse é o consciente. Mas ter um carro para se sentir melhor diante dos outros, como um certificado de status ou um indicador de sucesso, está ligado a motivações muitas vezes inconscientes. Retornando ao exemplo, o Trabalhador 1, preso à lógica do endividamento, não conseguiu analisar além da parte superficial da situação, que era ter um automóvel. O Trabalhador 2 também queria o carro, mas não se submeteu ao endividamento. O desejo de não ser um endividado triunfou. Para os dois trabalhadores era importante possuir um carro. Eles sabiam que um financiamento os levaria ao endividamento; portanto, ambos portavam informações financeiras suficientes para a tomada de decisão. Até um determinado ponto a estrada era igual para os dois, mas houve o momento em escolheram caminhos diferentes. O que representava possuir um carro, quer o Trabalhador 1 percebesse ou não, levou-o ao endividamento.

> **Considerando que ambos tinham o mesmo nível de informações e que a grande diferença entre eles era a manifestação da subjetividade – da singularidade de cada um –, quando um optou pelo endividamento e o outro não, o Trabalhador 1 se submeteu à cultura do endividamento, e o Trabalhador 2, não.**

Espero ter demonstrado a função da subjetividade na tomada de decisão e ter alertado para a importância não apenas da educação financeira, mas da necessidade do autoconhecimento. Um endividado não está preso somente pelo bolso, mas também pela mente. Apenas combatendo esses dois aspectos é que conseguirá, realmente, romper com a cultura do endividamento.

Rompendo com o endividamento

A grande maioria acredita que a solução para os problemas financeiros está no quanto ganha. Conceituados economistas pensam de modo diferente, não apenas por dominarem as ciências econômicas, mas por servirem de exemplo prático. Além disso, diversas pesquisas têm mostrado que as pessoas que não sabem gerenciar pouco não conseguem gerenciar muito. Portanto, para eliminar as dívidas não basta ter acesso ao dinheiro, é preciso saber o que fazer[3] com ele. Em função da crescente dificuldade financeira, a maior parte das pessoas gostaria de descobrir uma fórmula mágica para solucionar os problemas. Como mágica é ilusão, o melhor caminho é a análise e as ações adequadas.

> Levar a agonia, a ansiedade, a tristeza ou o mau humor para dar uma volta pode ser perigoso.

Quando alguém está dominado por algum afeto ou emoção de forma mais intensa que o habitual, ou seja, quando está de *cabeça quente*, poderá utilizar os gastos como válvula de escape. Quando se está sob pressão, decidir algo que envolva dinheiro pode ser um grande risco de aumentar as dívidas. Por mais esforço que as pessoas façam para controlar os acontecimentos da vida, tanto as coisas boas quan-

---

[3] Consulte a obra *Dinheiro, os segredos de quem tem*, de Gustavo Cerbasi. O livro apresenta de modo claro e objetivo como as pessoas perdem diariamente dinheiro e quais são as maneiras de impedir as perdas e aumentar os ganhos.

GLOSSÁRIO
Afeto   a psican lise os afetos correspondem a processos de descar a, cu as mani festa   es finais são percebidas como sensa   es E ainda, o afeto fa sur ir o que o de se o de um su eito comporta

to as tragédias são inevitáveis. Sabedoria é aprender a lidar com tudo isso e evitar a repetição daquilo que é prejudicial.

> **Todos falam que as melhores coisas da vida não custam nada, mas por que as pessoas não se convencem disso?**

Grande parte das dívidas seriam evitadas se a opção fosse pelo que é essencial e não pelo supérfluo. Por exemplo, comprar um celular que custa o equivalente a três salários mínimos tem sido atualmente um gasto comum entre os jovens. O que leva um jovem a comprometer boa parte do seu salário por meses? Quantas horas ele irá trabalhar para sair desse endividamento? Muitos acreditam comprar junto com o aparelho celular segurança, vaidade, auto-estima e status! Mas a essência dessas coisas não será encontrada em nenhum aparelho ou objeto concreto. Atitudes assim parecem apontar para alguma outra coisa: será que a falta é de um celular novo?

> **Sua dívida custa alguns reais, algumas centenas de reais ou alguns milhares de reais? Caso sua dívida possa ser paga com dinheiro, seu problema é menor do que pode estar imaginando.**

Contando com a ajuda de um bom consultor financeiro, planejamento adequado, esforço, instrução e uma boa dose de paciência, muito provavelmente suas dificuldades serão sanadas. Mas e aquela dívida que não pode ser paga em dinheiro? Possivelmente já deve ter passado pela sua cabeça aquela sensação de estar devendo algo. A culpa aparece como uma dessas sensações de dívida – é a chamada *dívida afetiva*. Por vezes, para sair da cultura do endividamento financeiro, é necessário romper com culpas, ressentimentos e amarguras carregados ao longo de uma vida inteira. Além da análise pessoal que pode ser encontrada com um profissional habilitado, as ações que se referem ao dinheiro serão apontadas de um modo objetivo e prático no último capítulo deste livro.

CAPÍTULO 7

Construindo uma relação saudável com o dinheiro

> **Pode haver alguma coisa mais tola, diga-me, que a maneira de viver desses homens que deixam a prudência de lado? Vivem ocupados para poderem viver melhor: acumulam a vida, dissipando-a. A expectativa é o maior impedimento para viver: leva-nos para o amanhã e faz com que se perca o presente.[1]**

O título deste capítulo sugere, em primeiro lugar, que pode haver uma relação saudável com o dinheiro e, em segundo, que é possível encontrar nas palavras o caminho para chegar a esta relação. Mas este apenas poderá ser encontrado à medida que cada um analisar sobre *o valor* – seja sobre o valor do dinheiro, das coisas que quer alcançar e, principalmente, sobre o valor do tempo. O tempo é o principal ingrediente para determinar se a relação com o dinheiro é saudável. Não existe um parâmetro que estabeleça o que é certo ou errado, porque são questões muito subjetivas. Aquilo que é saudável para um pode não ser para outro. Mas para todos o tempo investido em qualquer relação, seja financeira, afetiva ou profissional, jamais retornará. O próprio tempo é uma possibilidade: cada sujeito pode *medir* o quanto vale a pena a troca que faz de algo, pelo tempo da sua vida.

> O grupo Richemont, detentor de marcas como Cartier e Mont Blanc, passou de um faturamento em 2004 de R$837 milhões para mais de R$3 bilhões em 2005, e continua crescendo. A Cartier, por exemplo, oferece o luxo do luxo, um único colar pode custar R$8 milhões. Consideradas peças inalcançáveis, o que está em jogo, certamente, não é o preço.

A partir dos dados citados é possível observar que, à exceção de um grupo muitíssimo restrito, como é o caso das pessoas que podem adquirir o *luxo do luxo*, a grande maioria precisa optar entre uma coisa outra. Sendo assim, as escolhas são saudáveis quando levam em

---

[1] Retirado do livro *Sobre a brevidade da vida*, do autor Sêneca, nascido por volta do ano IV a.C.

consideração a troca do tempo de trabalho necessário para obter determinados bens ou serviços.

Rompendo com alguns mitos

No senso comum, dizem que os investidores correm riscos, procuram uma vida cheia de aventuras e que são dominados por uma forte ambição. Comparados a apostadores e especuladores, viram alvo de críticas nos países onde a cultura do investimento é praticamente inexistente. Pensar que é impossível investir quando se tem pouco dinheiro ou acreditar que investidor é um especulador são dois exemplos de mitos cotidianos. Mito não se relaciona apenas a um passado distante e inatingível, porque o mito é uma fala escolhida pela história e transmite uma mensagem.

> **É muito comum pensar que investidor financeiro é um especulador. Mas o que pensar sobre aquelas pessoas que estão constantemente endividadas, que compram compulsivamente? Elas não são especuladoras? Elas não "apostam" que vão conseguir pagar suas dívidas?**

Basta consultar os serviços de proteção ao crédito para perceber quantas pessoas correm riscos e são prejudicadas quando compram sem terem condições. E esse fato não fica restrito às camadas pobres da população. Integrantes das classes média e alta também fazem parte da lista dos inadimplentes e devedores.

GLOSSÁRIO

Mito o senso comum, o mito é isto como um relato fantasioso, lenda ou f bula Mas, de acordo com al uns autores, ele pode ser uma manifesta ão de si nificados que de si nam e notificam aspectos das rela es sociais do dia a dia, os chamados mitos coti dianos o caso específico, é importante perceber quais são os mitos que direcionam rande parte das decis es financeiras

> Não seria hora de romper com o mito de que é arriscado investir e considerar que arriscado é gastar o que não se tem? Arriscar não seria gastar tudo o que se ganha, sem que haja ao menos uma tentativa para aumentar a renda? Correr riscos é ter o roupeiro abarrotado de roupas, a gaveta cheia de carnês e o bolso vazio. Um país e seus habitantes saem da pobreza investindo. Logicamente, aprendendo e educando-se para isso, mas também destruindo aqueles mitos que aprisionam e mantêm as pessoas pobres, tanto nas suas atitudes quanto nas suas carteiras!

A vida, e todos sabem disso, não é linear, não apresenta segurança e não oferece garantias. A mente cria uma série de mecanismos e até mesmo ilusões que asseguram tranqüilidade e estabilidade. Isso também é uma aposta. A realidade nua e crua pode ser muito dura, e, em algum momento, todos precisam construir refúgios. Refúgio serve de amparo e proteção, mas aqueles que buscam abrigo para algum mal-estar nas lojas do shopping center, por exemplo, poderão estar sendo enganados pelas próprias ilusões. Ou você está convencido pelo mito de que uma compra desnecessária poderá torná-lo mais feliz?

Nascendo um investidor

O ditado popular diz que para curar um antigo amor é preciso que surja um novo. Pois bem, para que um endividado seja curado, é preciso que surja um investidor. Mas não outra pessoa, esse processo é interno, é do próprio sujeito. É possível que um devedor se torne um bom investidor. A linha que separa um devedor de um investidor não é intransponível. A diferença está nas escolhas e na significação que dão para as situações.

> Enquanto o investidor respeita o mercado e busca constantemente informações para assegurar suas decisões, o devedor se acha mais esperto que a maioria e confia apenas na intuição.

> O investidor tem orçamento controlado, utiliza planilhas e outros instrumentos como aliados e não como inimigos. O devedor teme fazer seu orçamento e não usa, por exemplo, planilhas para não se assustar com a realidade de suas finanças. Vê a planilha financeira como aquela que vai tolher sua liberdade.

> O investidor tem visão ampla, não se deixa enganar por propagandas e sabe exatamente quanto custa qualquer produto que queira adquirir. O devedor, numa compra, geralmente, tem visão parcial. Não calcula os juros, apenas a prestação, e se deixa enganar pelas propagandas: xx vezes sem juros.

Estas são apenas algumas das diversas situações que ocorrem diariamente. Para que, efetivamente, possa nascer um investidor, principalmente quando ele já teve uma vida de devedor, é preciso esforço. O esforço pessoal aliado à instrução financeira e à análise serão instrumentos eficazes para que haja essa transformação. Salientando novamente, tudo na vida é pago, inclusive os equívocos financeiros. Sendo assim, nada melhor que transformar os erros em aprendizado. Os investidores também erram, mas em vez de repetirem o erro, aprendem. Quando um devedor começa a aprender e consegue sair da ciranda do autoboicote, ele provavelmente já está trilhando o caminho dos bons investimentos.

Investimento é movimento

> Dinheiro não é apenas aquela cédula de papel que está em sua carteira ou no banco. O dinheiro é um meio utilizado para movimentar a indústria, o comércio e os serviços. Sendo assim, não é prudente lidar com ele de modo estático. Um bom investidor financeiro é proativo diante do mercado.

Se até a Idade Média era aceitável ter o patrimônio parado, há muito tempo todos sabem que o dinheiro não é algo estático.[2] Naquela época não havia oportunidades de investimentos. A riqueza era medida pela quantidade de terras, uma vez que esta produzia praticamente todas as mercadorias de que as pessoas necessitavam. Igualmente, o ouro e a prata acumulados retratavam o grau de riqueza das pessoas. De qualquer modo, o capital era inativo e imóvel. Atualmente, a mobilidade e a rapidez são realidades que determinam a forma de lidar com os investimentos financeiros. Não significa que se deve agir rapidamente, essa seria uma atitude inconseqüente. Entretanto, ter o dinheiro parado *embaixo do colchão* parece não ser uma boa idéia. Ser adepto da mobilidade e não ter resistência à mudança são algumas habilidades dos bons investidores. Lembrar e gerenciar as informações que possuem é outro cuidado que os investidores têm na hora da tomada de decisão.

> **Você investe todos os dias! Investe seu tempo, sua vontade, seus afetos e seu dinheiro. Quais são os critérios que você usa ao investir?**

Tudo é pago nessa vida; de um jeito ou de outro. Seja com dinheiro, seja com afeto, com pensamento ou com tempo, praticamente tudo aquilo que o ser humano faz possui uma contrapartida, ou seja, um retorno. Cada ação também é um investimento porque há um deslocamento de energia, de afeto ou de pensamento. No caso financeiro a lógica é a mesma. Por exemplo, ao comprar uma peça de roupa há o investimento financeiro equivalente ao preço da peça. Houve um deslocamento de dinheiro que poderia ser poupado, gasto em um jantar, doado para uma instituição, enfim, poderia ter sido utilizado de outro modo. Portanto, investimento é um fato presente diariamente e compete a cada um transformar em benefício ou prejuízo as tomadas de decisão.

---

[2]Consultar a obra *A energia do dinheiro*, de Glória Maria Garcia Pereira, em que a autora defende e demonstra a teoria de que o dinheiro é uma energia em movimento.

Algumas obras, alguns comentários

Construir relações é uma tarefa que se impõe a todos, todos os dias! Relação com pais, filhos, amigos, marido, esposa, trabalho e com aquilo que dá sustentação prática na vida, ou seja, o dinheiro. Não existe um modelo único a ser seguido para que as relações possam *dar certo*, mas existem alguns caminhos que oferecem uma chance maior de êxito. No caso específico da relação com o dinheiro, além das possibilidades descritas até aqui, a leitura pode ser um bom aliado para que as escolhas sejam as mais saudáveis possíveis. A seguir são listados alguns livros que podem auxiliar aqueles que buscam aprimorar seu conhecimento na área. Convém salientar que existem excelentes obras além daquelas que serão indicadas, e que não estão aqui relacionadas apenas por uma questão óbvia de tempo e espaço, ou seja, seria impossível comentar a vasta literatura sobre o assunto. Todo o conhecimento é uma construção e caberá ao leitor, a partir das indicações, erigir seu próprio saber. O critério de apresentação é por ordem alfabética do título do livro.

A ENERGIA DO DINHEIRO: COMO FAZER DINHEIRO E DESFRUTAR DELE

Autora: Glória Maria Garcia Pereira

De uma forma dinâmica e instigante, a autora questiona paradigmas estabelecidos há muito tempo e pouco explorados sobre a forma como lidar com o dinheiro. Compartilha com o leitor o conceito do dinheiro como energia em movimento e, por meio de exemplos práticos, demonstra como é possível se aproximar e se apropriar da riqueza.

A REGRA DO JOGO

Autor: Rafael Paschoarelli

O autor comprova a importância do conhecimento nas tomadas de decisões financeiras, mostrando os detalhes das perguntas e das omissões nas respostas na hora de uma negociação.

CASAIS INTELIGENTES ENRIQUECEM JUNTOS

Autor: Gustavo Cerbasi

Numa linguagem clara e acessível para todos os tipos de casais, o autor expõe, por meio de exemplos práticos, que uma vida planejada e com objetivos definidos é mais feliz no curto e no longo prazo. No curto prazo porque algumas privações poderão ser facilmente toleradas em função dos objetivos futuros, e no longo prazo porque a conquista da independência financeira fará qualquer casal feliz. Com este livro, Gustavo Cerbasi oferece apoio e instrumento eficaz para milhares de casais que tanto rompem com o endividamento quanto conquistam a saúde financeira.

COMO SE TRANSFORMAR EM UM OPERADOR E INVESTIDOR DE SUCESSO

Autor: Alexander Elder

O autor é investidor profissional da bolsa de valores e psiquiatra. Foi justamente a sobreposição de tarefas que possibilitou a criação de um livro interessante. Utilizando o entendimento das duas áreas, ele estabelece pontos comuns entre as operações de mercado e o funcionamento mental.

DINHEIRO, OS SEGREDOS DE QUEM TEM

Autor: Gustavo Cerbasi

O primeiro capítulo do livro intitulado "Dinheiro não traz felicidade" demonstra que, embora o objetivo do autor seja disseminar tanto os conhecimentos sobre educação financeira, quanto apontar o caminho para a conquista da riqueza, ele alerta para aquilo que é mais importante na vida. Gustavo Cerbasi encerra o livro reforçando que a maior riqueza está no estabelecimento e na manutenção das relações com as pessoas amadas. A trajetória traçada é instrutiva e agradável por considerar a realidade brasileira por meio de sugestões passíveis de serem executadas.

ECONOMIA PARA NÃO-ECONOMISTAS

Autores: Virene Roxo Matesco e Paulo Henrique Schenini
É um livro de extrema utilidade para todos aqueles que não desejam se tornar *experts* na área, mas que precisam saber alguns fundamentos econômicos básicos. Contendo vários conceitos explicitados de modo claro e objetivo, a obra oferece um ótimo instrumento para quem não é economista.

HISTÓRIA DA RIQUEZA DO HOMEM

Autor: Leo Huberman
O autor enlaça a história e a economia para registrar o crescimento e as mudanças sociais ao longo dos tempos. Do feudalismo ao surgimento das cidades com o estabelecimento do dinheiro como moeda aceita e corrente, o livro perpassa por caminhos sinuosos e interessantes, tais como os juros, a usura, a riqueza e a pobreza. Leo Huberman conduz o leitor a um mergulho histórico, tendo como lastro a economia. Para aqueles que se interessam por fatos históricos sem desconsiderar a economia, é uma leitura indispensável.

INDEPENDÊNCIA FINANCEIRA

Autores: Robert T. Kiyosaki e Sharon L. Lechter
O foco do livro é mostrar como as pessoas podem ser bem-sucedidas do ponto de vista financeiro, alcançando a independência monetária. Explora as maneiras como as pessoas podem gerar renda e demonstra que uma pessoa instruída do ponto de vista cultural, ainda assim pode ter dificuldades do ponto de vista econômico.

LIÇÕES DE PSICOLOGIA ECONÔMICA

Autor: Carlos Barracho

O autor faz o que se pode chamar de uma rendição entre a psicologia e a economia, aproximando os dois saberes. A psicologia econômica considera o homem um agente econômico partindo das motivações psicológicas. Partindo desse princípio, Carlos Barracho demonstra pelo viés econômico o comportamento do *homo economicus,* e pelo viés psicológico, as condutas econômicas dos seres humanos. É um livro mais conceitual, contudo sua leitura é acessível.

MULHER INTELIGENTE

Autora: Sandra Blanco

O livro trata, de forma agradável, como as finanças são geridas pelas mulheres. Sem entrar no mérito das vantagens ou desvantagens de gênero, Sandra Blanco analisa como a realidade monetária se apresenta para o universo feminino. Direcionado às mulheres, oferece instrumentos suficientes para aquelas que desejam construir sua independência financeira.

O COMPONENTE EMOCIONAL: FUNCIONAMENTO MENTAL E ILUSÃO À LUZ DAS TRANSFORMAÇÕES ECONÔMICAS NO BRASIL DESDE 1985

Autora: Vera Rita de Mello Ferreira

Leitura obrigatória para todos aqueles que se interessam pela relação entre economia, psicologia e psicanálise. Vera Rita de Mello Ferreira é a precursora e a grande representante da psicologia econômica no Brasil. O livro é resultado da dissertação de mestrado da autora e, dentre as inúmeras contribuições, em especial, lança luz sobre a influência do funcionamento mental – teoria freudiana sobre princípio do prazer *versus* princípio de realidade – como fator determinante nas tomadas de decisões financeiras.

OS AXIOMAS DE ZURIQUE

Autor: Max Gunther

É uma obra que articula de modo inteligente alguns conceitos fundamentais para aqueles que buscam um entendimento mais aprofundado sobre as relações no mundo financeiro. Composto por 12 proposições, convida o leitor a refletir sobre risco e especulações, ao mesmo tempo que oferece subsídios para os investidores.

OS CASAIS E O DINHEIRO

Autora: Victoria F. Collins

A autora demonstra como o dinheiro interfere no relacionamento dos casais. Parte do pressuposto de que os bloqueios inconscientes determinam as discussões e os desentendimentos. Ainda oferece elementos para uma boa reflexão, considerando o perfil do homem e da mulher e as possíveis vantagens e desvantagens das combinações entre os perfis. Estabelece como principais motivadores para a conquista ou uso do dinheiro: liberdade, segurança, poder e amor.

PAI RICO, PAI POBRE

Autores: Robert T. Kiyosaki e Sharon L. Lechter

Traçando um paralelo entre um pai *postiço* rico e um pai legítimo considerado pobre, o livro desperta no leitor a necessidade para o conhecimento financeiro. Exemplifica inúmeras situações cotidianas e tem o grande mérito de ser um divisor de águas para uma parcela da população brasileira que sai do total desconhecimento para se transformar em agentes da educação financeira.

CAPÍTULO 8

Escolhas inteligentes para sair do sufoco

Uma situação de sufoco angustia e desestabiliza a grande maioria das pessoas, principalmente quando a causa é o endividamento. Como foi visto ao longo destas páginas, o endividamento financeiro tem uma ligação direta com o *endividamento afetivo*. Portanto, para romper com o endividamento é necessário combater o aspecto econômico e o psíquico. Do ponto de vista econômico, serão listadas algumas dicas.[1] Do ponto de vista afetivo, não é possível estabelecer dicas, todavia, no final do capítulo serão feitas algumas considerações.

TABELA 1

LINHA DE CRÉDITO	JURO MENSAL MÉDIA EM 2006	JURO ACUMULADO DURANTE O ANO DE 2006
Juros (comércio)	6,17%	105,10%
Cartão de crédito	10,31%	224,78%
Cheque especial	8,05%	153,28%
CDC (bancos)	3,34%	48,34%
Empréstimo pessoal (bancos)	5,57%	91,62%
Empréstimo pessoal (financeira)	11,56%	271,74%
TAXA MÉDIA	7,50%	138,25%

A Tabela 1 apresenta o índice[2] médio de juros mensais e o total acumulado durante o ano de 2006. Todos já ouviram que o Brasil é o país que possui os juros mais altos do mundo, e ao verificar a tabela é mais fácil compreender o porquê. Mas para aqueles que não estão familiarizados com taxas ou tabelas, pode ficar incompreensível. Por exemplo, se em média os juros cobrados pelo cartão de crédito são de 10,31% ao mês, por que o acumulado é de 224,78%? Por que o acumulado no ano não é o resultado dos juros mensais multiplica-

---

[1] As dicas foram compiladas de textos e/ou sites dos maiores especialistas da área financeira.
[2] Extraída do site na Anefac em fevereiro de 2007.

do por 12 meses? Porque os estabelecimentos trabalham com juro composto e não juro simples. O juro composto resulta em uma acumulação maior do que no juro simples, pois é calculado sobre um montante cada vez maior.

Os economistas são incansáveis na sugestão para economizar e evitar compras parceladas. Eles conhecem os juros abusivos do mercado brasileiro. Além disso, quanto maior for o prazo, mais juros serão pagos. A grande maioria dos brasileiros deixa de fazer esses cálculos. Portanto, uma escolha inteligente para sair do sufoco é não entrar nele. Isso mesmo! Não fazer compras em que os juros sejam abusivos é uma medida preventiva; confira outras a seguir.

O que fazer?

Todas as sugestões a seguir devem ser devidamente analisadas e executadas à medida que cada um identificar a melhor alternativa para a situação em que se encontra.

Prevenção contra o endividamento

- ☐ A primeira e mais importante medida contra o endividamento é também a mais simples: **não gastar mais do que ganha**.
- ☐ **Educação financeira.** O conhecimento sobre as finanças pode ser buscado por meio de cursos, livros, palestras, consultoria com especialistas e programas educativos. A educação financeira pode ser compartilhada com crianças, adultos, idosos, familiares e colegas de trabalho. O combate à pobreza passa pela educação, assim como o combate ao endividamento.

GLOSSÁRIO

Juro composto ara o c lculo do uro composto de e se somar o uro encido e ainda não pa o ao capital emprestado É sobre este montante formado que no os uros são calculados É conhecido também como uros sobre uros

- ☐ **Maior número de informações nas transações comerciais.** É fundamental saber exatamente o que está sendo comprado junto, por exemplo, com a geladeira ou o automóvel. Os contratos são desanimadores pela extensão e pelo tamanho das letras, mas é recomendável uma dose de paciência; afinal, é o seu dinheiro que está em jogo.
- ☐ **Olhar crítico em relação aos apelos comerciais.** A mídia irá oferecer produtos cada vez mais espetaculares e atraentes. Deixar de consumir na sociedade atual é praticamente impossível, mas ter um limite em relação ao consumo é extremamente benéfico e saudável.
- ☐ **Economizar.** Em todas as áreas é possível fazer um ajuste e economizar. Uma das principais formas de perceber o quanto e no que está sendo gasto é anotar. Seja em planilhas ou em cadernetas que caibam no bolso, o importante é você anotar os gastos diários. Se a princípio parece chato, com o tempo é como escovar os dentes: automático e benéfico. Ao fazer isso, o orçamento doméstico será um passo natural e sem traumas.
- ☐ **Não utilizar cheque especial, pagar o cartão de crédito integral, não fazer financiamentos ou empréstimos.** Se você pensou: fácil falar!, siga a leitura. Algumas situações, por mais que você duvide, realmente podem ser evitadas.
- ☐ **Fazer uma reserva.** Imprevistos são incontroláveis e inevitáveis. Por isso é fundamental você ter dinheiro disponível para emergências. Como parâmetro inicial, a reserva pode ser um valor equivalente ao seu salário de 1 ano. Por exemplo, se você ganha R$1.500,00 por mês, é adequado ter R$18.000,00 reservados para evitar o endividamento em caso de algum imprevisto.

Estou endividado, e agora?

Se você não conseguiu evitar o endividamento e se encontra numa situação complicada, é importante conhecer alguns caminhos que podem facilitar a solução dos seus problemas financeiros.

- ☐ **Renegociar as dívidas.** Diversas instituições estão habituadas com renegociação. Essa é uma atitude apontada como tendência de mercado. Portanto, não há qualquer problema em fazer uma renegociação, desde que obviamente seja um bom negócio e que rompa com o endividamento.
- ☐ **Desfazer-se de algum bem.** É uma decisão difícil, mas muitos economistas recomendam que bens como carro, dinheiro aplicado e, em casos mais extremos, imóvel devem ser vendidos para sanar as dívidas.
- ☐ **Economizar.** É possível que, quando o endividamento chegar, *o cinto já tenha sido apertado*, mas ainda assim os pequenos gastos e os artigos considerados indispensáveis podem ser revistos.
- ☐ **Recorrer a empréstimos.** Longe de ser uma recomendação para tomar empréstimo; caso alguém esteja pensando nessa possibilidade, primeiro é oportuno que consulte um especialista financeiro. Além de empréstimo pessoal existem outras linhas de crédito que são oferecidas. E ainda assim, caso a opção seja pelo empréstimo, é importante observar que seja no menor prazo possível, que sejam conhecidas as condições contratuais e que se consulte mais de uma instituição para comparar os juros e as condições.

Sobreendividado? O que fazer?

Para o sobreendividado que possui muitas dívidas acumuladas, o problema, além de financeiro, passa a ser jurídico. A seguir, serão listadas as principais situações que geram inadimplência e alguns possíveis caminhos para solucionar as pendências.

Cheque sem fundo

O que acontece? Se for emitido um cheque sem fundos e este for devolvido duas vezes pelo banco, seu nome passará a fazer parte do Cadastro de Emitentes de Cheques sem Fundos (CCF), do Banco Central. Tais informações serão disponibilizadas às empresas e instituições que concedem crédito.

O que fazer? Procurar a agência do banco, solicitar informações sobre valor e data de apresentação, procurar a pessoa ou empresa para recuperar o cheque e quitar a dívida. Preparar uma carta com orientação do gerente do banco, juntamente com o cheque recuperado e protocolar a entrega junto ao Banco Central. Alguns outros passos acompanham essa transação e é importante o auxílio do gerente bancário.

Título protestado

O que acontece? Se, por qualquer motivo, uma dívida assumida não for paga e quem concedeu o crédito protestar o débito em cartório, essa informação será repassada às empresas e instituições que concedem crédito.

O que fazer? Dirigir-se ao cartório em que ocorreu o protesto, sanar a dívida com o credor e, depois, apresentar documentação junto aos órgãos de proteção ao crédito. As orientações necessárias são fornecidas nas próprias instituições.

Ação judicial

O que acontece? É o momento em que a pessoa pode sofrer uma ação judicial em função do não pagamento das dívidas.

O que fazer? Procurar a Defensoria Pública de sua cidade. O atendimento é gratuito e alguns estados abrigam programas específicos para os consumidores em situação de endividamento e sobreendividamento. Confira o endereço de alguns sites nas páginas 107 a 111.

Conclusão

Certamente não foram apresentadas aqui todas as situações de endividamento financeiro, mas as principais. De qualquer modo, o endividamento e o sobreendividamento acarretam onerosas perdas, sejam monetárias, sejam afetivas. Do ponto de vista afetivo, é necessário compreender quais são as razões psíquicas que levam ao endividamento. Como depende da subjetividade de cada ser humano, não é possível elaborar dicas para evitar o endividamento simbólico, subjetivo ou afetivo. Considerando que o endividamento afetivo esteja ligado a uma falta que causa angústia e que a sociedade parece comungar a crença de realização plena não suportando limites ou restrições, a única recomendação viável é que cada um possa analisar o que realmente deseja. E quando o preço pago pelas escolhas é o aprisionamento constante, o processo de análise com um profissional competente pode ser a chave para que as questões inconscientes ocupem o tempo e o lugar adequados, deixando o seu bolso e a sua mente livres para os bons investimentos!

Os bons caminhos virtuais

Para que as escolhas financeiras possam levar ao crescimento e não ao endividamento, a informação é fundamental e, em alguns casos, os caminhos para obter as informações necessárias são desconhecidos. Além da indicação dos livros e das dicas dos itens anteriores, a seguir são listados alguns endereços facilmente encontrados na Internet que oferecem informações preciosas e sem custo algum. Novamente, o critério de apresentação será por ordem alfabética, iniciando com os sites diretamente relacionados ao endividamento e posteriormente para um aprimoramento da vida financeira.

Combate ao endividamento

www.akatu.org.br
O Instituto Akatu é uma organização não-governamental, criada em 2001, que visa educar e mobilizar a sociedade para o consumo consciente. Promove atividades em comunidades, divulga conceitos e informações pela Internet e fomenta campanhas e pesquisas, sempre voltadas para o consumo consciente. Nesse sentido, é importante que o consumidor conheça as ações das empresas na sociedade; a divulgação dessas ações é realizada pelo Instituto Akatu.

www.dpe.rs.gov.br/arqs/artigos/novas_tendencia_dp.pdf
Esse endereço acessa um trabalho realizado por defensores públicos do Estado do Rio Grande do Sul, sensibilizados pelo aumento do sobreendividamento no país. Entre outras ações, presta um serviço à população de Porto Alegre pelo programa "Tudo Fácil – Centro de Atendimento ao Cidadão", oferecendo assistência de defensores públicos que atendem as iniciais de contratos dos sobreendividados.

www.dpge.rj.gov
A Defensoria Pública do Rio de Janeiro, surgida na década de 1950, é considerada pioneira no Brasil e na América Latina. Tem por objetivo prestar assistência judiciária gratuita e, atualmente, atende cerca de um milhão de pessoas. Tal entidade abriga o Núcleo de Defesa do Consumidor (Nudecon), que possui uma comissão de defesa para o consumidor superendividado.

www.idec.gov.br
Fundado em 1987, o Instituto de Defesa do Consumidor (IDEC) promove a educação, a conscientização e a defesa dos direitos do consumidor. Atua por intermédio da orientação pessoal, via telefone, carta ou Internet, e possui uma área de atuação judicial.

www.mj.gov.br/dpdc
Esse endereço é do Departamento de Defesa e Proteção do Consumidor. Possui algumas publicações com o objetivo de educar o consumidor apresentando um material produzido pelo Governo Federal, Órgãos de Defesa do Consumidor (Procons) e por entidades civis de todo o país.

GLOSSÁRIO

Procons r ãos estaduais e municipais de defesa do consumidor criados na forma de lei para e ercitar as ati idades contidas no CDC e no Decreto nº 2 181 97, isando aran tir os direitos dos consumidores s rocons são, portanto, os r ãos oficiais locais que atuam unto comunidade, prestando atendimento direto aos consumidores

www.procon.sp.gov.br
O objetivo da Fundação de Proteção e Defesa do Consumidor, o conhecido Procon, não é apenas elaborar, mas também executar políticas que protejam e defendam os consumidores. A educação para o consumo e a orientação são as principais armas de combate ao endividamento. Para facilitar a busca, entre em "Orientações de Consumo". Também é possível procurar o Procon municipal.

www.procon.rs.gov.br/procon_nova/pdf/roteiro_tecnico
É um site interessante por oferecer esclarecimentos básicos sobre empréstimo consignado para aposentados e pensionistas do INSS. Apresenta um roteiro para que a pessoa possa avaliar a parte jurídica e formal da contratação de um empréstimo consignado.

www.serasa.com.br
A Serasa é uma das maiores empresas do mundo em análises e informações para decisões de créditos e apoio a negócios. No site são oferecidas diversas informações e dicas de como manter ou resgatar o crédito.

Aprimoramento das finanças

www.anefac.com.br
A Associação Nacional dos Executivos de Finanças, Administração e Contabilidade (Anefac) oferece pelo site uma variedade de informações. Embora todo o conteúdo seja importante, as tabelas comparativas das taxas de juros, por região e por setor, são fundamentais para o público leigo. De fácil compreensão, qualquer indivíduo antes de contrair um financiamento poderá comparar e decidir com base em informações mais adequadas.

www.dieese.com.br
O site oferece uma série de estudos e estatísticas importantes para aqueles que buscam um aprofundamento maior em relação à instrução financeira.

www.edufinanceira.org.br
O site apresenta o Instituto de Educação Financeira, que é dedicado à capacitação na área financeira, para que cada um possa organizar e encontrar a melhor solução para os investimentos financeiros. Ainda oferece uma série de artigos e dicas importantes para aqueles que estão interessados na ampliação do conhecimento relativo às finanças.

www.educfinanceira.com.br
É um site educativo, contém artigos e informações sobre como educar os filhos do ponto de vista financeiro. Apresenta importantes projetos sobre educação financeira para as escolas e à população em geral.

www.expomoney.com.br
A ExpoMoney é o maior evento de Educação Financeira do Brasil, e oferece palestras gratuitas com os principais profissionais da área. As edições da ExpoMoney acontecem em diversas capitais e cidades do país. É possível conferir pelo site as datas dos eventos, além de ter acesso a uma série de importantes artigos.

www.financenter.com.br
O site disponibiliza uma variedade de matérias sobre o planejamento financeiro pessoal. Conta ainda com informações sobre as taxas cobradas pelo mercado, os serviços, os produtos financeiros e os direitos do consumidor.

www.gazetamercantil.com.br
O site contém matérias, artigos, indicadores econômicos e ferramentas interessantíssimas, tais como, simuladores, fluxo de caixa e conversor de moeda. A leitura diária do jornal, certamente, instrui não apenas financeira, mas culturalmente qualquer leitor interessado.

www.infomoney.com.br
Site extremamente instrutivo que contém informações das seguintes áreas: previdência, seguros, impostos, carros, imóveis e investimentos.

www.istoedinheiro.com.br
O site apresenta diversos artigos sobre finanças, negócios, economia, e-commerce, e possui um dicionário e vários testes gratuitos interessantes.

www.maisdinheiro.com.br
O site oferece dicas de economia doméstica e de planejamento visando conquistar a independência financeira. Além disso, possui uma série de artigos e simuladores para que cada um possa comparar e refletir sobre as futuras decisões financeiras. Da compra de um automóvel à aposentadoria, é possível utilizar os instrumentos oferecidos no site para elevar o nível de informações garantindo que as escolhas financeiras sejam saudáveis.

www.mulherinvest.com.br
É um site que contém artigos interessantes para as mulheres que estão buscando conhecimento na área financeira. Dinâmico e bonito, contém dicas sobre dinheiro, investimentos e como evitar o endividamento.

www.portaldoconsumidor.gov.br
Oferece informações sobre consumo. Para facilitar a busca, é melhor especificar a categoria do seu interesse, por exemplo: habitação, alimentos ou saúde.

www.portalmatematico.com e *www.portaleconomia.com*
Ambos contêm artigos, exercícios, testes, curiosidades, jogos e informações do dia-a-dia do mundo da economia e da matemática.

www.poupaclique.ig.com.br
É um site informativo com orientações sobre os direitos dos consumidores. Oferece dicas para que cada um possa aproveitar melhor os recursos financeiros disponíveis.

www.valoronline.combr
Importante veículo que aborda profundamente economia, negócios e finanças de diversos setores. Fundamental para quem quer informação de qualidade.

Glossário

AFETO Na psicanálise os afetos correspondem a processos de descarga, cujas manifestações finais são percebidas como sensações. O afeto faz surgir ainda o que o desejo de um sujeito comporta.

CACIFE Quantia total depositada por jogadores quando desejam participar de um jogo, considerando que bancar uma condição, um status que não cabe no orçamento de alguém, não deixa de ser um jogo. Assim como em um jogo de azar, são feitas apostas, e a possibilidade de perda é maior que de ganho. Essa é a teia de um endividado: em vez de orçar, aposta para conseguir pagar suas dívidas; ainda que nunca tenha sentado em uma mesa de jogo, não deixa de ser um apostador.

CAPITAL Pode ser dinheiro, veículo, máquinas – meios de produção – ou, ainda, a força de trabalho. É o recurso investido com o objetivo de gerar renda.

CASTIGO Comportamento de pessoas que buscam situações penosas e humilhantes e se comprazem com elas. O sujeito se proíbe a satisfação ou se castiga quando uma satisfação é alcançada. Essa autopunição é muito mais inconsciente do que algo procurado deliberadamente pelo sujeito.

CREDOR   A que ou a quem se deve dinheiro ou outro valor. O credor é considerado merecedor e beneficiário e possui diversas classificações. Uma das mais comuns é o credor hipotecário, que tem o crédito garantido por hipoteca dos bens do devedor. Uma das principais dívidas contraídas é para a aquisição da casa própria.

DÉBITO   Para alguns filósofos, estar em débito equivale a estar em falta com algo. Há uma relação com a essência da vida, como uma falta originária. Para a economia, débito é qualquer quantia devida. Para a psicanálise, débito tem relação tanto com uma falta quanto com algo devido – não no nível concreto, mas no subjetivo; na maioria das vezes, o sujeito não percebe isso: é inconsciente.

DESEJO   O desejo, hoje em dia, se mantém mais pela inveja do que por referência a um suporte ideal. É organizado por uma falta simbólica, mas esta, que se instala com o semelhante, é apenas imaginária.

ESCAMBO   Meio de troca utilizado antes do uso do dinheiro. É considerado escambo qualquer permuta.

FRUSTRAÇÃO   Estado de um sujeito que se considera incapaz de obter o objeto de satisfação que almeja. Não se pode pensar apenas em objetos reais, mas também simbólicos.

GANHO SECUNDÁRIO   Obtenção de um certo ganho; é chamado secundário por ser a solução mais cômoda para o aparelho psíquico, ou seja, o aparelho psíquico encontra a saída mais fácil para algum conflito, mas não a *melhor saída*. Portanto, é um ganho frágil e ainda é uma "atitude" inconsciente. Por isso, é muitas vezes incompreensível para quem observa ou até para o próprio sujeito.

ÍNDICE BIG MAC   Exemplo de unidade de referência importante e de fácil entendimento. Sua função é medir o custo médio em dólares do sanduíche em trinta países, sinalizando o quanto uma moeda pode estar sobrevalorizada ou subvalorizada em relação a outra. Em tese, o custo do sanduíche serve de parâmetro para o poder de compra de cada moeda. Economistas coletam os preços dos sanduíches e os convertem para dólares. Depois disso, calculam a relação entre o preço do Big Mac nos Estados Unidos e seu valor em dólares em determinado país, e o percentual resultante dá uma medida da relação entre as moedas.

JURO COMPOSTO Para o cálculo do juro composto deve-se somar o juro vencido e ainda não pago ao capital emprestado. É sobre este montante formado que novos juros são calculados. É conhecido também como juros sobre juros.

KAMIKAZE Pilotos japoneses treinados para realizar ataques suicidas durante a Segunda Guerra Mundial. Os kamikazes conduziam os aviões a um choque direto e devastador contra alvos inimigos. Atualmente essa expressão é utilizada para se referir a situações que envolvem certeza ou risco de autodestruição por parte daquele que age. Nesse caso específico, o kamikaze é aquele que ignora a própria segurança ou o bem-estar e adquire bens e serviços que representam um grau elevado de endividamento.

LIQUIDEZ Disponibilidade em moeda corrente, em meio de pagamento, em posse de títulos ou em valores que sejam rapidamente convertidos em dinheiro. A liquidez pode ser maior ou menor, dependendo do tipo de aplicação, mas a liquidez absoluta só é obtida por meio do papel-moeda de uma economia.

MÉTODO Do ponto de vista formal, é uma técnica ou modo de fazer algo de acordo com um plano. É um procedimento lógico que regula uma determinada atividade. Do ponto de vista psíquico, todas as pessoas utilizam uma lógica para solucionar suas questões, mas na maioria das vezes esse processo é inconsciente.

MITO No senso comum, o mito é visto como um relato fantasioso, lenda ou fábula. Mas, de acordo com alguns autores, ele pode ser uma manifestação de significados que designam e notificam aspectos das relações sociais do dia-a-dia, os chamados mitos cotidianos. No caso específico, é importante perceber quais são os mitos que direcionam grande parte das decisões financeiras.

NEGAÇÃO Recusa da percepção de um fato que se impõe no mundo exterior.

PERFORMANCE Desempenho; atuação. No teatro, é o espetáculo em que o artista atua com total liberdade e por conta própria, interpretando papéis que são de sua autoria.

PROCONS Órgãos estaduais e municipais de defesa do consumidor criados na forma de lei para exercitar as atividades contidas no CDC e no Decreto nº 2.181/97, visando garantir os direitos dos consumidores. Os Procons são, portanto, os órgãos oficiais locais, que atuam junto à comunidade, prestando atendimento direto aos consumidores.

PROMOÇÃO Ato de promover algo. É também um conjunto de técnicas promocionais para despertar maior atenção dos possíveis compradores. Convém ficar atento ao fato de que a promoção surge como conseqüência da intensificação de esforços por parte dos comerciantes, para chamar a atenção sobre determinado produto.

PSICANÁLISE Teoria e método de tratamento inventado por Sigmund Freud que se faz por meio da fala e da linguagem. A hipótese de Freud é que o sujeito está em parte determinado por uma "Outra cena", à qual se tem acesso por formações que se reproduzem na fala e que são endereçadas ao analista.

PSICOLOGIA Ciência que trata dos estados, dos processos mentais e do comportamento humano.

PSIQUISMO Conjunto das características psíquicas de um sujeito, a psique.

REPETIÇÃO Insistência; um encontro que não pode mais ser evitado, de algo insuportável para o sujeito.

RESSENTIMENTO Alguém ressentido atribui a responsabilidade pelo que o faz sofrer a um outro, ou seja, essa outra pessoa leva a culpa pelo sofrimento, pelo fracasso. Segundo a psicanalista Maria Rita Kehl, a decepção com as promessas não cumpridas não predispõe à ação; ao contrário, cria uma forma de reação amarga e estéril, carregada de desejos de vingança.

SOCIEDADE DE CONSUMO Situação dos países mais desenvolvidos, caracteriza-se pela produção e pelo consumo ilimitado de bens duráveis, sobretudo de artigos supérfluos. O consumismo é criticado por acabar mercantilizando toda a atividade humana, suas necessidades materiais e espirituais.

STATUS Lugar ou posição, de acordo com o julgamento coletivo ou consenso de opinião do grupo, que a pessoa ocupa na estrutura social. Portanto, o status é a posição em função dos valores sociais correntes na sociedade. Pode ser atribuído ou adquirido. Status atribuído: independe da capacidade do indivíduo; é atribuído a este mesmo contra sua vontade, em virtude do seu nascimento. Status adquirido: depende do esforço e do aperfeiçoamento pessoal. Por mais rígida que seja a estratificação de uma sociedade e os numerosos status atribuídos, há sempre a possibilidade de o indivíduo alterar seu status por meio de habilidade, conhecimento e capacidade pessoal.

TENTAÇÃO Entre outros significados, é o impulso ou a prática direcionada para algo censurável, não recomendável e não benéfico.

Bibliografia

BARRACHO, Carlos. *Lições de psicologia econômica*. Lisboa: Instituto Piaget, 2001.

BARTHES, Roland. *Mitologias*. 10ª ed. Rio de Janeiro: Bertrand Brasil, 1999.

BIDAUD, Éric. *Anorexia mental, ascese, mística: uma abordagem psicanalítica*. Rio de Janeiro: Companhia de Freud, 1998.

BLANCO, Sandra. *Mulher inteligente*. Rio de Janeiro: Qualitymark, 2005.

BOTTON, Alain de. *Desejo de status*. Rio de Janeiro: Rocco, 2005.

BRUCKNER, Pascal. *A euforia perpétua: ensaios sobre o dever de felicidade*. 2ª ed., Rio de Janeiro: DIFEL, 2002.

CALLIGARIS, Contardo. *Dívida e culpa*. Associação Psicanalítica de Porto Alegre, Boletim, ano 2, nº 5, maio de 1991.

CERBASI, Gustavo Petrasunas. *Dinheiro, os segredos de quem tem*. São Paulo: Gente, 2005.

_____. *Casais inteligentes enriquecem juntos*. São Paulo: Gente, 2004.

CHAUÍ, Marilena. *Brasil: mito fundador e sociedade autoritária*. São Paulo: Fundação Perseu Abramo, 2001.

CHEMAMA, Roland (org.). *Dicionário de psicanálise*. Porto Alegre: Artes Médicas Sul, 1995.

COLLINS, Victoria F. *Os casais e o dinheiro: um guia do casal atualizado para o novo milênio*. São Paulo: Rideel, 2006.

CONNIF, Richard. *História natural dos ricos*. Rio de Janeiro: Jorge Zahar Editor, 2004.

COPÉRNICO, Nicolau. *Sobre a moeda (1526)*. Curitiba: Segesta, 2004.

DAVIS, Melinda. *A nova cultura do desejo*. Rio de Janeiro: Record, 2003.

ELDER, Alexander. *Como se transformar em um operador e investidor de sucesso*. Rio de Janeiro: Campus/Elsevier, 2004.

EKER. T. Harvi. *Os segredos da mente milionária*. Rio de Janeiro: Sextante, 2006.

FEIJÓ, Ricardo. *A história do pensamento econômico: de Lao Tse a Robert Lucas*. São Paulo: Atlas, 2001.

FERREIRA, Vera Rita de Mello. *O componente emocional: funcionamento mental e ilusão à luz das transformações econômicas no Brasil desde 1985*. Rio de Janeiro: Papel e Virtual, 2000

FREUD, Sigmund. *Sigmund Freud: Obras Completas*. Madri: Biblioteca Nueva, 1997.

GALBRAITH, John Kenneth. *A cultura do contentamento*. São Paulo: Pioneira, 1992.

GUNTER, Max. *Os axiomas de Zurique*. 12ª ed. Rio de Janeiro: Record, 2004.

HUBERMAN, Leo. *História da riqueza do homem*. 21ª ed. Rio de Janeiro: LTC, 1986.

KEHL, Maria Rita. *Ressentimentos*. São Paulo: Casa do Psicólogo, 2004.

KIYOSAKI, Robert T.; LECHTER, Sharon L. *Pai rico, pai pobre*. 26ª ed. Rio de Janeiro: Campus/Elsevier, 2000.

_____. *Independência financeira*. 11ª ed. Rio de Janeiro: Campus/Elsevier, 2001.

_____. *Aposentado, jovem e rico*. 3ª ed. Rio de Janeiro: Campus/Elsevier, 2003.

LACAN, Jacques. *O Seminário, livro 10: A angústia*. Rio de Janeiro: Jorge Zahar Editor, 2005.

_____. O Seminário, livro 4: *A relação de objeto*. Rio de Janeiro: Jorge Zahar Editor, 1995.

_____. O Seminário, livro 7: *A ética da psicanálise*. 2ª ed. Rio de Janeiro: Jorge Zahar Editor, 1988.

_____. O Seminário, livro 5: *As formações do inconsciente*. Rio de Janeiro: Jorge Zahar Editor, 1999.

LE BON, Gustave. *Psicologia das multidões*. São Paulo: Delraux, 1980.

MARQUES, Maria Manuel Leitão. *O endividamento dos consumidores*. Coimbra: Almedina, 2000.

MELMAN, Charles. *Será que podemos dizer, com Lacan, que a mulher é o sintoma do homem?* nº 6, Tempo Freudiano: Rio de Janeiro, 2005.

_____. *O homem sem gravidade: gozar a qualquer preço*. Rio de Janeiro: Companhia de Freud, 2003.

MORIN, Edgar. *A cabeça-bem-feita: repensar a reforma, reformar o pensamento*. 10ª ed. Rio de Janeiro: Bertrand Brasil, 2004.

NELISSEN, R.M.A. *Emotions and Cooperation: A Goal-Based Perspective on Emotional on Decision Making*. Tilburg Univerity, the Netherlands. Trabalho apresentado no congresso da IAREP/SABE, França, julho de 2006.

ORESME, Nicole. *Pequeno tratado da primeira invenção das moedas (1355)*. Curitiba: Segesta, 2004.

PASCHOARELLI, Rafael. *A regra do jogo: descubra o que não querem que você saiba no jogo do dinheiro*. 2ª ed. São Paulo: Saraiva, 2006.

PEREIRA, Glória Maria Garcia. *A energia do dinheiro: como fazer dinheiro e desfrutar dele*. 2ª ed. Rio de Janeiro: Campus/Elsevier, 2003.

SANDRONI, Paulo. *Dicionário de economia do século XXI*. Edição revista e atualizada. Rio de Janeiro: Record, 2005.

SÊNECA, Lúcio Anneo. *Sobre a brevidade da vida*. Porto Alegre: L&PM, 2006.

SMITH, Andrew. *Ferramentas mentais para traders: vença suas emoções e ganhe nos investimentos*. Rio de Janeiro: Campus/Elsevier, 2005.

WEATHERFORD, Jack. *A história do dinheiro*. Rio de Janeiro: Campus/Elsevier, 2005.

SPINK, Mary Jane P. *Trópicos do discurso sobre risco: risco-aventura como metáfora na modernidade tardia.* Cadernos de Saúde Pública: Rio de Janeiro, v. 17, n. 6, nov./dez. de 2001. Consulta realizada em 17.12.06.

SITES CONSULTADOS:

www.adpergs.org.br (*O perfil do superendividado no Estado do Rio Grande do Sul* – trabalho realizado por Rafaela Consalter, defensora pública.)

www.bcb.gov.br

www.boriola.com.br

www.ipea.gov.br/pub/td/2001/td_0812pdf

www.justiça.sp.gov/módulo.asp

www.maisdinheiro.com.br

www.portaleconomia.com.br

www.portalmatematico.com

www.scielo.br/scielo.php?script=sci_arttext&pid=S0102-311X2001000600002&lng=pt&nrm=iso&tlng=pt

www.serasa.com.br/empresa/noticias/2006

www.uol.com.br/doutrina/texto.asp?id=9055

www.verarita.com.br

Conheça também os outros livros da Coleção

• Este livro ensina como entrar no mercado, montar uma boa carteira de ações e remunerá-la com opções e, acima de tudo, como você pode se proteger gerenciando seu capital adequadamente e controlando o seu risco.

Investindo em opções
ISBN: 978-85-352-2653-9
Páginas: 220

• Neste livro, o leitor descobrirá que, em 6 passos de simples execução, é possível organizar sua finança e aprenderá que guardar dinheiro, controlar os gastos e investir pode ser mais simples do que se imagina.

A árvore do dinheiro
ISBN: 978-85-352-2420-7
Páginas: 194

05012004-7/2003-DR/RJ
Elsevier Editora Ltda

SAC | 0800 026 53 40
ELSEVIER | sac@elsevier.com.br

CARTÃO RESPOSTA

Não é necessário selar

O SELO SERÁ PAGO POR

Elsevier Editora Ltda

20299-999 - Rio de Janeiro - RJ

Acreditamos que sua resposta nos ajuda a aperfeiçoar continuamente nosso trabalho para atendê-lo(la) melhor e aos outros leitores. Por favor, preencha o formulário abaixo e envie pelos correios. Agradecemos sua colaboração.

Seu Nome: _____

Sexo: ☐ Feminino ☐ Masculino   CPF: _____

Endereço: _____

E-mail: _____

Curso ou Profissão: _____

Ano/Período em que estuda: _____

Livro adquirido e autor: _____

Como ficou conhecendo este livro?

☐ Mala direta   ☐ E-mail da Elsevier
☐ Recomendação de amigo   ☐ Anúncio (onde?) _____
☐ Recomendação de seu professor?
☐ Site (qual?) _____   ☐ Resenha jornal ou revista
☐ Evento (qual?) _____   ☐ Outro (qual?) _____

Onde costuma comprar livros?

☐ Internet (qual site?) _____
☐ Livrarias ☐ Feiras e eventos ☐ Mala direta

☐ Quero receber informações e ofertas especiais sobre livros da Elsevier e Parceiros

Qual(is) o(s) conteúdo(s) de seu interesse?

Jurídico - ☐ Livros Profissionais ☐ Livros Universitários ☐ OAB ☐ Teoria Geral e Filosofia do Direito

Educação & Referência - ☐ Comportamento ☐ Desenvolvimento Sustentável ☐ Dicionários e Enciclopédias ☐ Divulgação Científica ☐ Educação Familiar ☐ Finanças Pessoais ☐ Idiomas ☐ Interesse Geral ☐ Motivação ☐ Qualidade de Vida ☐ Sociedade e Política

Negócios - ☐ Administração/Gestão Empresarial ☐ Biografias ☐ Carreira e Liderança Empresariais ☐ E-Business ☐ Estratégia ☐ Light Business ☐ Marketing/Vendas ☐ RH/Gestão de Pessoas ☐ Tecnologia

Concursos - ☐ Administração Pública e Orçamento ☐ Ciências ☐ Contabilidade ☐ Dicas e Técnicas de Estudo ☐ Informática ☐ Jurídico Exatas ☐ Língua Estrangeira ☐ Língua Portuguesa ☐ Outros

Universitário - ☐ Administração ☐ Ciências Políticas ☐ Computação ☐ Comunicação ☐ Economia ☐ Engenharia ☐ Estatística ☐ Finanças ☐ Física ☐ História ☐ Psicologia ☐ Relações Internacionais ☐ Turismo

Áreas da Saúde - ☐ Anestesia ☐ Bioética ☐ Cardiologia ☐ Ciências Básicas ☐ Cirurgia ☐ Cirurgia Plástica ☐ Cirurgia Vascular e Endovascular ☐ Dermatologia ☐ Ecocardiologia ☐ Eletrocardiologia ☐ Emergência ☐ Enfermagem ☐ Fisioterapia ☐ Genética Médica ☐ Ginecologia e Obstetrícia ☐ Imunologia Clínica ☐ Medicina Baseada em Evidências ☐ Neurologia ☐ Odontologia ☐ Oftalmologia ☐ Ortopedia ☐ Pediatria ☐ Radiologia ☐ Terapia Intensiva ☐ Urologia ☐ Veterinária

Outras Áreas - _____

Tem algum comentário sobre este livro que deseja compartilhar conosco?

_____

* A informação que você está fornecendo será usada apenas pela Elsevier e não será vendida, alugada ou distribuída por terceiros sem permissão preliminar.
* Para obter mais informações sobre nossos catálogos e livros por favor acesse **www.elsevier.com.br** ou ligue para **0800 026 53 40**.